21世纪信息传播实验系列教材

丛书主编 黄慕雄 徐福荫

报刊电子编辑

Electronic Newspaper
& Magazine Editing

彭柳 刘敏 罗昕 编著

北京大学出版社
PEKING UNIVERSITY PRESS

图书在版编目(CIP)数据

报刊电子编辑/彭柳,刘敏,罗昕编著. —北京:北京大学出版社,2014.7
(21世纪信息传播实验系列教材)
ISBN 978-7-301-24286-5

Ⅰ. 报… Ⅱ. ①彭…②刘…③罗… Ⅲ. ①报刊－电子编辑－高等学校－教材 Ⅳ. ①G213

中国版本图书馆 CIP 数据核字(2014)第 112080 号

书　　　名:报刊电子编辑
著作责任者:彭 柳 刘 敏 罗 昕 编著
丛 书 主 持:唐知涵
责 任 编 辑:唐知涵
标 准 书 号:ISBN 978-7-301-24286-5/G · 3829
出 版 发 行:北京大学出版社
地　　　址:北京市海淀区成府路 205 号　100871
网　　　址:http://www.pup.cn　新浪官方微博:@北京大学出版社
电 子 信 箱:zyl@pup.pku.edu.cn
电　　　话:邮购部 62752015　发行部 62750672　编辑部 62753056　出版部 62754962
印　刷　者:三河市博文印刷有限公司
经 销 者:新华书店
　　　　　787 毫米×1092 毫米　16 开本　15.75 印张　270 千字
　　　　　2014 年 7 月第 1 版　2014 年 7 月第 1 次印刷
定　　　价:35.00 元(含光盘)

内 容 简 介

《报刊电子编辑》是新闻编辑学课程的实验配套书,旨在通过对常用的报纸和杂志编辑软件的学习以及实际操作和训练,培养学生的信息整合能力、版面设计及操作能力,并在此基础上提升学生的创新能力。

《报刊电子编辑》设计了两个部分共十五个实验训练项目。第一部分是关于报纸电子编辑,第二部分是关于杂志电子编辑,其内容包括:报纸版面环境设置、报纸版面语言、报纸版式设计、新闻图片编辑、时政新闻版面编辑、财经新闻版面编辑、社会新闻版面编辑、娱乐新闻版面编辑、新闻评论版面编辑、专刊版面编辑、副刊版面编辑、杂志版面环境设置、杂志封面版面编辑、新闻杂志版面编辑、娱乐杂志版面编辑。这些实验项目又分为课程基础型实验、课程设计型实验、课程综合型实验。每个实验项目力求体现基础性、设计性、综合性等三个实验层次的融合与互补。为了使学习者理解每个实验步骤,书中尽可能安排典型版面,方便学习者通过模拟有关操作,达到熟练掌握编辑软件、灵活运用相关编辑要点的目标。本书虽为实验教材,但致力于把报刊编辑理念融入实验操作中,达到理论与实践的融合。

《报刊电子编辑》可作为信息传播相关专业——新闻学、传播学、广告学、广播电视新闻学、摄影和教育技术学等专业的实验教材,亦可作为教育技术工作者和传媒从业人员的参考用书。

第二版总序

黄慕雄　徐福荫

1978 年,中国揭开了改革开放的序幕。1982 年,美国著名传播学教授施拉姆(Wilbur Schramm)和我国香港著名传播学教授余也鲁首次来中国内地讲学,第一站在华南师范大学举办了为期一周的全国性学术研讨会,学术报告全面介绍现代传播和媒体教育。随后,其学术报告出版成名为《传媒·教育·现代化》的著作,把教育传播理论引入了中国。为了培养我国的教育传播与技术人才,1983 年,华南师范大学创办了中华人民共和国第一个教育技术学本科专业,2002 年创办中国首批传播学本科专业,2003 年创建广东省第一个摄影本科专业,2007 年建立国家级信息传播实验教学示范中心,2011 年获批广东省信息传播与文化创意产业重点研究基地。

提高 21 世纪高等教育人才培养质量的重点是加强大学生实践创新能力的培养。为此,华南师范大学国家级信息传播实验教学示范中心从 2002 年起对实验教学等进行了系列改革和创新探索。在"以生为本、行知并举"的实验教学理念指导下,创建了课程实验教学体系、校内实践创新体系、校外平台扩展体系的"三位一体"实验教学体系,实现课堂内实验、校内基地实训、校外基地实习有机融合。改革实验教学模式,创建了"三类型、五层次"实验教学模式,建构基本型、综合设计型、研究创新型三种类型实验,从课堂内的基本型实验扩展到校内基地的综合设计型实验,再扩展到校内外双基地的研究创新型实验。由原来单一的基础型实验,扩展为基础—综合—研究小循环的基本型实验;由原来单一课堂内的课程综合型实验,扩展为课堂外的专业综合设计型实验和跨专业综合实践;由原来单一的校外基地进行创新实践,扩展为校内外双基地进行创新实践。改革实验教学方法,以生为本,注重实验过程与方法,建构开放式、探究式、任务驱动型的实验教学方法,鼓励学生开展自主、协作、探究学习。强调知识、能力、素质协调发展的原则,注重学生实践创新活动,完善课程实验教学体系,开设信息传播实验系列课程,编写"21 世纪信息传播实验系列教材",促进信息传播实践创新人才培养。

"21 世纪信息传播实验系列教材"的第一版包括:《播音主持》《传播学研究方法与实践》《电视照明·电视音乐音响》《广播电视摄、录、编》《摄影》《数字动画基础与制作》《报刊新闻电子编辑》《广告策划与创意》《多媒体软件设计与开发》等。根据第一版实验系列教材的应用实践以及信息传播相关专业技术的发展，本实验系列教材在体系和内容上都作了相应调整。

"21世纪信息传播实验系列教材"的第二版包括：《播音与主持艺术（第二版）》《传播学研究方法与实践（第二版）》《电视照明》《电视音频制作》《电视摄像》《电视节目制作》《摄影基础（第二版）》《数字动画基础与制作（第二版）》《报刊电子编辑》《网络新闻实务》《广告策划与创意（第二版）》《多媒体软件设计与开发（第二版）》等。本实验系列教材在编写体例方面，每个实验项目内容原则上包括实验目的、实验预习要点、实验设备及相关软件、实验基本理论、实验内容与步骤、实验注意事项、实验报告等部分。本实验系列教材的特色是：以实验和实践项目为线索，把有关的知识点融合到实验和实践的每个步骤中，强调理论与实验操作的紧密结合，既注重信息传播技术能力的培养，更注重信息传播思维能力的训练，真正做到理论指导实践，以培养高素质的信息传播实践创新人才。

"21世纪信息传播实验系列教材"可作为信息传播相关专业——教育技术学、新闻学、传播学、广告学、广播电视新闻学和摄影等专业的实验教材，亦可作为教育技术工作者和传媒从业人员的参考用书。

黄慕雄　教授，博士生导师，华南师范大学教育信息技术学院院长，国家级信息传播实验教学示范中心副主任，兼任中国教育技术协会影视传媒专业委员会副会长，中国教育电视协会高校电视专业委员会常务副主任，广东省高等学校教育技术学教学指导委员会副主任，广东省信息传播与文化创意产业重点研究基地副主任，广州市新媒体与文化创意产业重点研究基地副主任，广州市科技传播协会副会长。2009年获得国家级教学成果二等奖。

徐福荫　教授，博士生导师，华南师范大学教育信息技术学院信息传播研究所所长，国家级信息传播实验教学示范中心主任，第五届、第六届国务院学位委员会教育学科评议组成员，2006—2010年教育部高校教育技术学专业教学指导委员会主任，全国模范教师，广东省高校教学名师。获得三届国家级教学成果二等奖，全国教育科学研究优秀成果二等奖。主持国务院学位办全国高校教育硕士专业学位现代教育技术研究生培养方案与专业必修课程标准制定，主持教育部高等学校教育技术学专业指导性专业规范研制。享受国务院政府特殊津贴。

前　言

当前,报刊编辑处于数字技术化的操作环境中,编辑理念需要不断地创新,对电子编辑技能操作的要求也提升到更重要的位置。本实验教材立足于数字化环境,为致力于从事报纸与杂志版面编辑的学习者而编撰。

本实验教材旨在培养学生熟练掌握方正排版系统、InDesign 排版系统,以及利用它们进行各种报纸和杂志版面编辑的技能。本实验课程的教学目标有两个方面:一方面是培养学习者的报刊编辑专业技能,通过实验项目的设置及操作流程的设计,培养学习者基本的编辑设计能力、较高的版面处理能力;另一方面是培养学习者的综合能力,通过提供丰富的案例并进行深入剖析,把编辑理念和技能训练融合在一起,培养学习者的信息处理能力、表达能力、分析能力、创新能力等。

本实验教材重在理论与实践的紧密结合。本教材包含十五个实验项目,分为课程基础型实验、课程设计型实验、课程综合型实验三个层次(如下表),旨在培养学习者的综合素质和能力。实验项目分为必做项目与选做项目,学习者可根据自身实际情况选做部分项目。

	实验项目名称	实验层次	实验属性
第一部分报纸电子编辑	1. 报纸版面环境设置	基础型实验	必做
	2. 报纸版面语言	综设型实验	必做
	3. 报纸版式设计	设计型实验	必做
	4. 新闻图片编辑	基础型实验	必做
	5. 时政新闻版面编辑	基础型实验	必做
	6. 财经新闻版面编辑	基础型实验	必做
	7. 社会新闻版面编辑	基础型实验	选做
	8. 娱乐新闻版面编辑	基础型实验	选做
	9. 新闻评论版面编辑	基础型实验	选做
	10. 专刊版面编辑	综设型实验	选做
	11. 副刊版面编辑	综设型实验	选做
第二部分杂志电子编辑	12. 杂志版面环境设置	基础型实验	必做
	13. 杂志封面版面编辑	设计型实验	必做
	14. 新闻杂志版面编辑	综设型实验	选做
	15. 娱乐杂志版面编辑	综设型实验	选做

本书在原有实验教材《报刊新闻电子编辑》基础上做了大量修改,包括:更换原实验教材

绝大部分案例,新增有关杂志电子编辑的实验项目,对原教材的部分实验项目进行了合并与删减。本书共有十五个实验项目,其中,彭柳负责编写实验一、实验二、实验三、实验四、实验十四、实验十五,刘敏编写实验五、实验六、实验七、实验十二、实验十三,罗昕编写实验八、实验九、实验十、实验十一。张馨忆、刘璐进行案例编排与修改,龙兰、樊碧圆、叶华、陈希希、彭冲、张冰梓等参与了部分实验的编写,在此表示感谢。全书由彭柳负责总体架构和统稿。

为方便学习者了解教材中所举案例全彩效果,本书配有光盘一张,提供部分实验的版面原图、版面素材及画版编辑图,文件夹名称与本书的实验项目名称相对应,文件夹中文件名称与书中图序相同,学习时可对照查找。

目　　录

第一部分

报纸电子编辑

本部分实验

基于方正飞腾4.0排版系统下的报纸版面
电子编辑

实验一　报纸版面环境设置

●●●●●　一、实验目的　●●●●●

熟练掌握方正飞腾 4.0 版面环境设置的步骤,能根据不同的报纸类型,通过环境变量的变换来设置不同版面的一系列参数。

●●●●　二、实验要求与知识准备　●●●●

1. 熟练掌握方正飞腾 4.0 版面环境设置的步骤。
2. 了解不同报刊版面根据编辑方针设定不同的环境参数。
3. 了解版面设置与编辑方针之间的关系。

●●●●　三、实验场地与器材　●●●●

1. Windows98/2000/ME/NT/XP 中文版操作系统。
2. 方正飞腾排版系统 FIT4.0。

●●●●　四、实验方法与步骤　●●●●

(一) 启动方正飞腾 4.0

在"开始"菜单内找到方正飞腾 4.0 软件,使用鼠标双击,系统将直接进入"版面设置"窗口。在此窗口中,可以对"页面"、"页数设置"、"装订次序"等参数进行设置。设置完成后,单击"确定"按钮,出现主窗口,如图 1-1 所示。

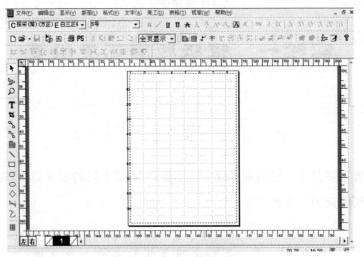

图 1-1 方正飞腾主窗口

主窗口包括以下几个主要的功能区,如图 1-2 所示:

(1) 菜单条:列出了方正飞腾软件中的菜单。

(2) 工具箱:列出了方正飞腾中使用的工具。

(3) 页面区:显示方正飞腾的排版区,包括文字、图元和图像等对象。

(4) 主页标识:显示方正飞腾的主页。

(5) 工具条:列出了方正飞腾菜单命令的快捷方式。

(6) 辅助板:相当一个草稿纸的作用。

(7) 页标识:显示方正飞腾的页码。

注:如果在方正飞腾的主窗口中没有找到上述的工具,请从"显示"菜单的"工具条"中选择所需要的工具。

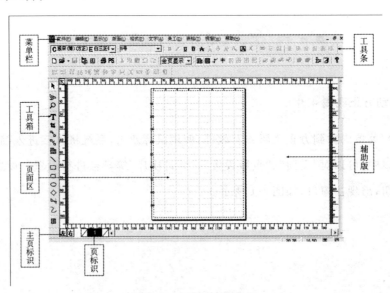

图 1-2 主窗口功能分区

（二）系统设置

在没有任何文件打开的情况下进行的"环境设置"对象为飞腾的系统环境量。以后新建的所有文件,都将使用这种设置。如要要使用其他环境量,需重新设置。

1. 环境设置

在"文件"菜单中选择"设置选项"命令项,在列表中选中"环境设置",系统弹出"选项"对话框,在此对话框中可以进行三种环境设置:块设置、环境设置、版面设置。

（1）块设置

块设置中包括"块默认大小"、"拷贝偏移量"、"线宽方向"和"对象选择"等选项,如图 1-3 所示。

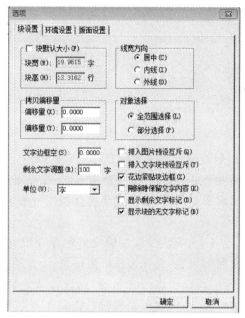

图 1-3　块设置窗口

① "块默认大小":对版面上生成文字块的"块宽"、"块高"的值进行设置。

② "拷贝偏移量":飞腾中文字块和图元图片的对象都可进行复制和粘贴。拷贝偏移量这个对话框是用来设置被复制对象和粘贴后的对象之间的偏移位置。

③ "线宽方向":若选中"居中"选项,加粗后的边框中心将与原线框的中心重合;若选中"内线"选项,边框的内部将加粗;而选中"外线"选项,边框的外部将加粗。

④ "对象选择":可选择"全范围选择"或"部分选择"对文字块进行对象选定。

⑤ "文字边框空":在飞腾软件中文字块也是有边框的,但边框一般默认为空线。若需显示边框,可在选中文字块后,选择"美工"菜单中"单线"命令项,在此处对边框进行设置,范围是 0~4 个字。

（2）环境设置

环境设置包括"文件另存"、"检查剩余文字"、"新建时设置版面参数"、"发排输出附加信息"等选项,如图 1-4 所示。

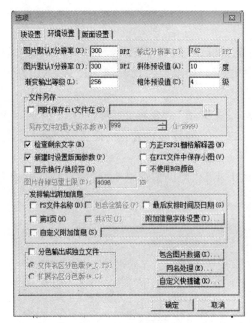

图1-4　环境设置窗口

①"输出分辨率"：根据版面设计的需要设置输出分辨率。

②"渐变输出等级"：取值范围从0～256。级数越大，渐变效果越好，但输出速度慢；反之，渐变效果越差，中间会出现明显的条纹，但输出速度快。一般情况下，将此数值设置在80左右。

③"检查剩余文字"。选中这一选项后，如果文件中存在没有排完的文字块，存储时系统会给出提示框。此项无论何时设置，总作为系统全局量。

④"新建时设置版面参数"。选中这一选项后，在进行文件新建时，系统会先弹出新建"版面设置"对话框。不选中此项，在创建新文件时系统会自动生成"版面设置"系统环境量，用户不能进行版面参数的设置。此项无论何时设置，都会作为系统全局量。

⑤"在FIT文件中存小图"。选中这一选项后，飞腾在存盘时会以一个低分辨率的图像代替当前图像写入文件。此设置将提高打开此文件时图像的速度，不影响文件的发排。

⑥"方正PSP31栅格解释器"。用户在选择了PSP31作为输出设备，而无法明确文件是否包含了经过LZW压缩的图片的情况下选择此项。另外，如果当前版面中插入了PS图文件，该PS文件的来源最好与当前文件的输出保持一致。此项无论何时设置，都会作为系统全局量。

注：第一，LZW(Lempel Ziv Welch)压缩编码是一种先进的数据压缩技术，属于无损压缩编码，该编码主要用于图像数据的压缩。对于简单图像和平滑且噪声小的信号源具有较高的压缩比，并且有较高的压缩和解压缩速度。

第二，PS文件指的是PostScript语言的标准格式，即可以直接向打印设备输出的文件格式，其图形描述部分将打印设备(照排设备)的指定分辨率还原为光栅图像点阵，若还有像素图像，其输出分辨率则要借助应用软件或输入软件设置。

⑦"包含图片数据"。选中这一选项后，飞腾发排生成的PS文件中包含排入的图片数

据。但此后,用 RIP 输出 PS 文件时,无须再另附图片文件。但此种方式下生成的文件会很大。

（3）版面设置

版面设置包括"默认显示比例"、"显示精度"、"键盘移动步长"、"显示光标位移窗"等选项,如图 1-5 所示。

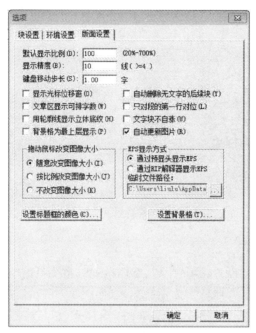

图 1-5　版面设置窗口

①"默认显示比例"。即"显示"菜单下"默认大小"命令执行结果的设置,范围从 20％到 700％。此项无论何时设置,都会作为系统全局量。

②"显示精度"。在该编辑框内输入所需数值（输入数值一般大于或等于 4）,当屏幕上的文字小于该值时,飞腾将用灰块或者灰条显示,以加快显示速度。

③"键盘移动步长"。即在箭头状态下使用键盘上下左右键进行光标移动的步长值,默认设置为 1 个版心字。

④"显示光标位移窗"。指在画一个块或改变块的大小时,光标附近将显示光标移动的相对坐标值。

⑤"文章区显示可排字数"。在进行文字区域的设置时,系统将自动显示该文字区内可排文字的个数。

⑥"用轮廓线显示立体底纹"。选中该选项只显示立体底纹的轮廓,并能提高显示的速度,且不会影响发排的效果。

⑦"自动删除无文字的后续块"。选中该选项,当文字的后续文字块为空时,系统会自动删除空文字块。

⑧"文字块不自涨"。当文字块中的文字变大或增多时,文字块大小不改变,系统出现续排标志。

⑨"设置背景格"。单击"设置背景格"系统弹出"背景格"窗口,如图1-6所示。背景格种类包括"报版"、"方格"、"方点"、"稿纸"、"特定报纸"等五种形式,用以指示版面上整行整字的位置。默认项为"报版"。

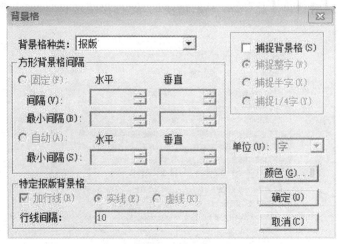

图1-6　背景格设置窗口

2. 字体设置

在"文件"菜单中选择"设置选项"中的"字体设置",系统弹出"字体设置"窗口,在所需字体前面的□(方框)中打"√",此种字体即被选择,如图1-7所示。在"后端设置"窗口设置后端748码字库列表和后端GBK字库列表,如图1-8所示。单击"搭配中文—外文字体"对话框,可对字体进行搭配,如图1-9所示。每选择一种中文字体后,外文字体会自动按此处的设置对应改变,即选择一种中文字体,其对应的外文字体也被同时选中。

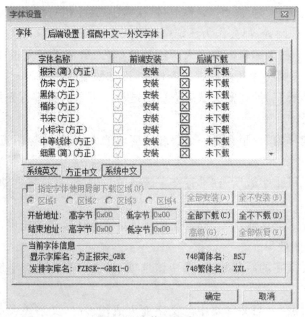

图1-7　字体设置窗口

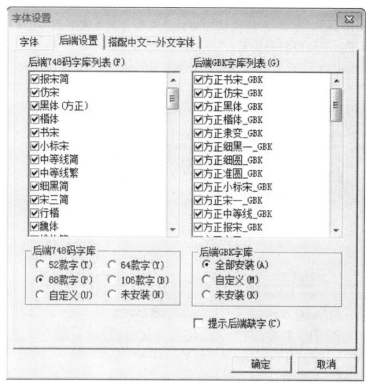

图 1-8　字体后端设置 748 码字库列表和后端 GBK 字库列表窗口

图 1-9　字体搭配设置窗口

3. 基线设置

通常在使用不同的字库时，字体的括号和标点符号会出现偏下或偏上的情况，我们可以通过调整基线来进行字体位置的规范。

在"文件"菜单中选择"设置选项"中的"基线设置"，系统弹出"基线设定"窗口，如图 1-10 所示。在"修改基线"编辑栏中，可以通过操作右边的上、下键来调整基线的数值，也可以直接输入所需的数值。基线的范围为 0～256，系统的默认值为 217，一般修改为 230 即可。

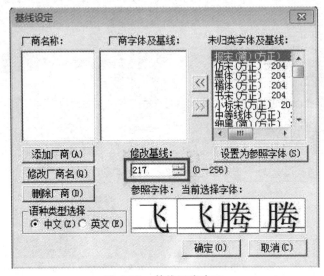

图 1-10　基线设定窗口

4. 长度设置

飞腾中的长度单位包括字、磅、毫米、英寸、厘米、级、PICA 等。使用者可以自行选择所需的长度单位。

选中"文件"菜单中的"长度单位"命令，系统弹出长度单位对话框，如图 1-11 所示。此对话框中可设置五类参数的长度单位，除"字号单位"、"字距单位"、"行距单位"、"TAB 键单位"外，所有其他参数的默认单位都将使用"坐标单位"，只有个别的长度单位为"mm"。

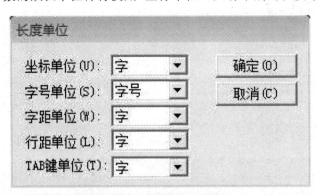

图 1-11　长度单位设置窗口

注：长度单位为"字"，其长度与当前字号的环境量有关。当飞腾退出运行时，系统设置

的参数会自动保存到名为 FIT.CNF 的文件中。

（三）面板操作

在菜单条的"视窗"菜单中我们可以找到所有面板,如"调色板"、"状态窗口"、"镜像窗口"等,如图 1-12 所示。单击其中一项,如"调色板",则出现该选项相对应的面板。用鼠标点住标题栏进行面板的拖动,或调整面板大小。

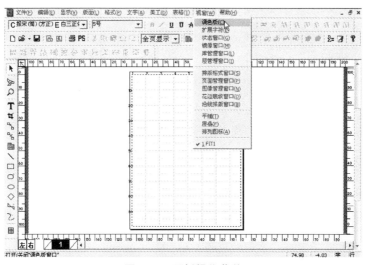

图 1-12　面板操作菜单

（四）标尺设置

标尺可根据使用者的需要进行隐藏或显示出来。

在菜单条的"显示"菜单中可找到"尺子"选项,如图 1-13 所示。选中此选项后操作区中将出现标尺,不选中此选项则尺子隐藏,如图 1-14 所示。

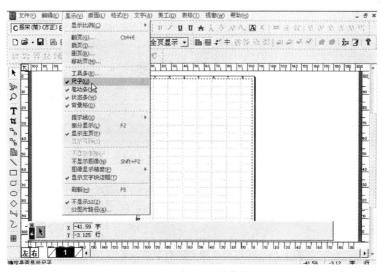

图 1-13　标尺设置菜单

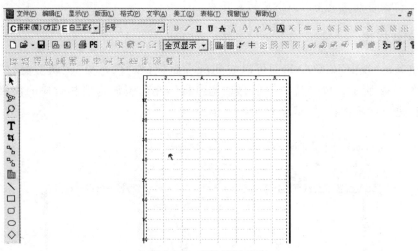

图1-14　标尺显示状态

（五）辅助线

用户可使用自定义辅助线帮助编辑。

用鼠标拖动操作区左上角的箭头移动原点，如图1-15所示。新建立的原点将帮助用户进行所需的文字块位置排版等操作，如图1-16所示。

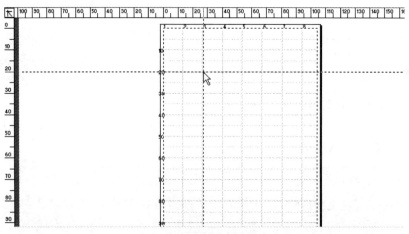

图1-15　移动原点设置辅助线

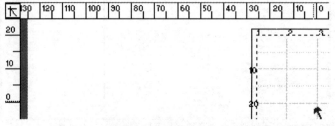

图1-16　利用新建原点进行文字块位置排版

（六）版面设置

在"文件"菜单中选择"版面设置"选项，系统弹出版面设置窗口，如图 1-17 所示。可按下面几个方面进行设置。

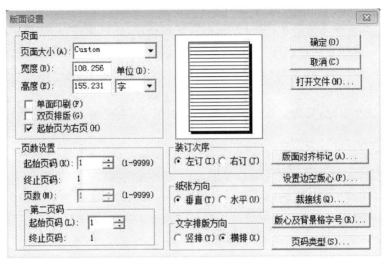

图 1-17　版面设置窗口

1. 页面的基本设置

（1）设置页面大小

单击"页面大小"右侧的下拉列表，在此列表中对页面的大小进行设置。也可由用户自己输入自定义的宽度和高度。具体操作是在此下拉列表中选中"Custom"选项，接着在下面的"宽度"和"高度"编辑框内输入自定义值。一般情况下，都市报类可选择 8k（260×370），党报类为 4k（370×520），新闻杂志类一般为 16k（185×260），单位为"毫米"。

（2）设置印刷排版方式

选中"单面印刷"选项后，系统只会产生一个页，且左右两边的边空相等。"双页排版"和"起始页为右页"这两项置灰。选中"双页排版"后，系统产生两个主页，用户可以同时对两页的内容进行排版，这个功能在杂志的彩页排版中较常使用。选中"起始页为右页"选项后，报纸或杂志的第一页在飞腾的右页上，所有单页都在右页上。以《南方都市报》为例，选中"起始页为右页"的选项，如图 1-18 所示。

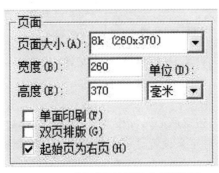

图 1-18　选择"起始页为右页"选项

（3）设置"起始页码"、"终止页码"和"页数"

"起始页码"的参数范围为1～9999，默认的设置为1。"终止页码"会根据起始页码与页数自动显示页码数，此项参数的范围同样为1～9999。文件的页数在此进行设置后，在编排过程中也可直接通过插页和删页等操作来修改。

（4）设置"装订次序"

选中"左订"，意味着装订次序"从左到右"，订口在左，裁口在右，一般横排都采用这种格式；选中"右订"，意味着装订次序"从右到左"，订口在右，裁口在左，一般竖排使用这种格式。默认的设置为"左订"。

（5）设置"纸张方向"

选择垂直或水平，从而确定页面的方向。一般来说，在页面大小设置时，两个数值输入的先后顺序是没有关系的。

（6）设置"文字排版方向"

进行设置后，文件中的大量文字的排版方向会依据此参数。如果需要改变少量文字的排版方向，可以在编排时进行转换。国内的新闻报刊和杂志的文字排版方向大部分都为"横排"，但我国港台地区一些报刊还一直沿用"竖排"的文字排版方向。

2. 版面对齐标记

单击"版面设置"窗口右下方的"版面对齐标记"，系统弹出"对齐标记"对话框，如图1-19所示。"标记类型"下的方形标记是裁减标记，它标注最终印刷成品的大小。圆形、十字形和T形标记是印刷定位标记，一般在需要分色打印的情况下才使用。

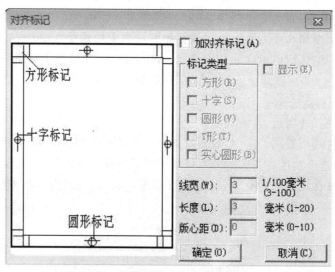

图 1-19 版面对齐标记设置窗口

3. 设置边空版心

单击窗口右下方的"设置边空版心"，如图1-20所示，对栏数、栏宽、栏间距、行数、行距、页边空和背景格等参数进行自定义设置。都市报类、党报类、新闻杂志类报刊在设置边空版心时采用不同的参数标准。

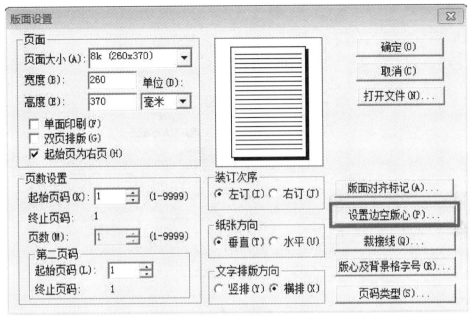

图 1-20　选择"设置边空版心"选项

《南方都市报》的栏数为 4,栏宽为 17 字,栏间距为 2 字,行数为 94,行距为 0.25 字,页边空中上空、下空、左空和右空均为 10 毫米,背景格显示选中"报版",其他参数使用默认值,如图 1-21 所示。完成后单击"确认"即可。《南方都市报》边空版心设置后的出版样版如图 1-22所示(该版面电子版详见光盘)。

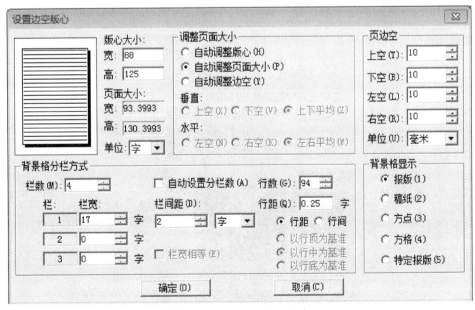

图 1-21　设置边空版心参数

图 1-22　2014 年 1 月 16 日《南方都市报》A10 版

　　《广州日报》栏数为 7,栏宽为 16 个字宽,同时选中"栏宽相等"选项。栏间距为 1 个字,行数 143,行距为 0.25,页边空中上空、下空、左空和右空均为 10 毫米,背景格显示选中"报版",其他参数使用默认值。完成后单击"确认"即可。《广州日报》边空版心设置后的出版样板如图 1-23 所示(该版面电子版详见光盘)。

图 1-23　2013 年 11 月 3 日《广州日报》A1 版

设置边空版心时应注意以下几点。

（1）设置"版心大小"

当选中"自动调整页面大小"或"自动调整边空"选项，版心设置区域被激活，在"栏数"和"行数"的编辑框中输入自定义数值。值得注意的是，在设置"版心"的"行数"和"栏数"之前，应先设置"背景格栏"。栏的宽度取决于"背景格栏"的设置，"行数"数值与"行距"及"版心字号"的大小有关，一行的数值等于版心字号一行文字的高度加上版心行距的数值。

（2）调整"页面大小"

"自动调整版心"：选中此项，所设的页面大小不会发生变化，我们需要调整边空来定义版心的大小；"自动调整页面大小"：该项是根据栏数、行数、每行的字数及页边空来调整页面的大小，返回主话框时可以看到页面大小已发生变化；"自动调整边空"：选中此项后，页面的大小不变，我们需要通过调整版心的栏数、行数和页边空的值来自动调整边空。

（3）设置"页边空"

设置页面上、下、左、右与页面边缘空出的距离，边空之内的部分称作页面的"版心部分"，进行编排时一般在这个区域内进行。默认的设置为上下边空数值相等，左右边空数值相等。

（4）设置"背景格分栏方式"

默认设置为6栏，每栏13个背景格，即每栏可以排13个字符。

4．裁接线

单击"版面设置"窗口右下方的"裁接线"选项，系统弹出"定义裁接线"窗口，如图1-24所示。单击"包含裁接线"复选框，将"裁口外空"及"警戒内空"激活。在"单位"下的列表选择使用单位，分别输入"裁口外空"及"警戒内空"的数值。单击"确定"按钮，结束设置。

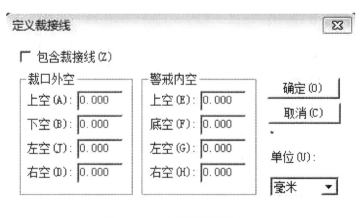

图1-24 定义裁接线设置窗口

（1）设置"裁口外空"

在上空、下空、左空、右空中设置的值为出血的距离，数值一般为3毫米。出血线位于页面框的外侧，出血线边框确定了图片的最大输出范围。当各个参数设置都为0时，出血线与页面的边框重合。

注：在报纸印刷中，出血线是指用来界定图片或色地的哪些部分需要被裁切掉的线。出血线以外的部分会在印刷品装订前被裁切掉，所以也叫裁切线。

（2）设置"警戒内容"

在上空、下空、左空、右空中设置的值为文字警戒线的距离，数值一般为2毫米。警戒内容可决定文字警戒线的位置，它位于页面框的内侧，用于提醒用户在编排时不要排出警戒线。当参数都设置为0时，警戒内空与页面的边框重合。

注：文字警戒线是指在排版中，用来界定文字排版区域，并用来提醒使用者在指定区域内进行文字编辑以防止超出该区的文字在印刷时被裁减掉的线。

5. 版心及背景格字号

单击"版面设置"窗口右下方的"版心及背景格字号"，系统弹出"改变字号"的窗口，如图1-25所示。在"单位"项目的列表选择字号的单位，默认设置为"磅"。可以在"X字号"和"Y字号"框内直接键入字号的大小，或者单击数字框右侧上下移动箭头来调整字号的大小。若选择的单位为"磅"，则每次增减的范围都为0.25磅。报纸的字体一般都为6号报宋。在"字号选择"一栏中选中"6"，则版心的字号确定为6号，如图1-26所示。单击"确定"完成设置。杂志的字体一般设置为5号。

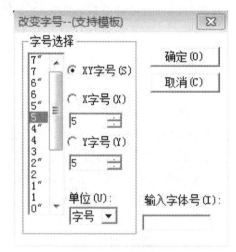

图1-25　改变字号窗口

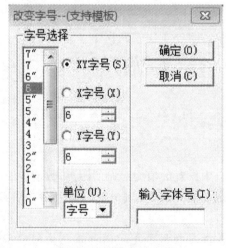

图1-26　设置报纸字号

6. 页码类型

单击"版面设置"窗口右下方的"页码类型"选项,系统弹出"页码类型"对话框,如图1-27所示。

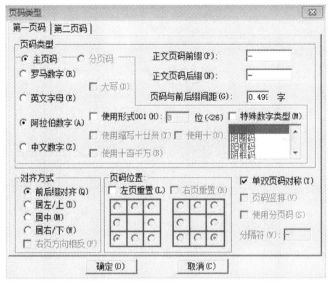

图 1-27　页码类型设置窗口

（1）设置主页码和分页码类型

页码的类型一共有四种,包括阿拉伯数字、中文数字、罗马数字和英文字母。

（2）设置正文页码前缀和后缀、页码与后缀的间距

在正文页码前缀和后缀两个框内可以输入一个中文或英文字符,默认的设置为"—"。在进行"页码与后缀的间距"的设置时,必须以页码可能的最大位数进行考虑。

（3）"使用十百千万"、"使用缩写十廿卅"和"使用形式001"的设置

当页码的数型选择为"中文数字"时,选中"使用十百千万"后,页码中的"一二三"会变成"一百二十三"的样式;选中"使用缩写十廿卅",则以"廿"代替"二十",以"卅"代替三十;当页码类型设置为"阿拉伯数字"时,选中"使用形式001",并在编辑框中输入页码的位数,范围是1～25。

（4）设置页码格式

选中"单双页码对称"的选项后,单双页的页码会进行左右对称排列（在杂志中经常会用到单双页码对称排列）,系统默认将按照横排的方式排列,位置在上下边空上;如若选中"竖排"选项,页码按照竖排的格式进行设置,位置在左右边空上。

（5）设置特殊数字类型

当页码类型选择"阿拉伯数字"或"中文数字"时,可以在此项内选择页码的数字类型,例如阴圈码、阳圈码、阴圈框或阳圈框。

（6）设置页码位置

可以将页码排列在左上、左下、右上、右下、左中、右中、上中、下中任何一个位置上。当选中"单双页码对称"复选框后,选中"左页重置"复选框进行以上的设置。

（7）单击"版面设置"窗口的"确定"按钮完成操作，系统将出现以下的界面，如图 1-28 所示。

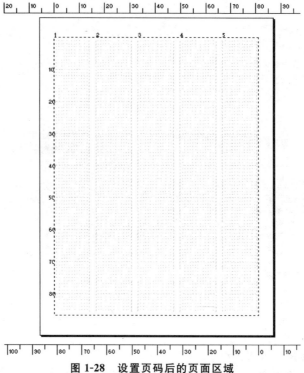

图 1-28　设置页码后的页面区域

●●●● 五、实 验 注 意 事 项 ●●●●

1. 当飞腾退出运行时，系统设置的参数会自动保存到名为 FIT. cnf 的文件中。再次启动飞腾，这些环境量会自动生成。环境设置的参数只需设置一次，除非需要改动。

2. 在打开一个飞腾文件后所设置的环境量属于文件环境设置，这种设置只对此文件的操作有影响，而对其他的文件不产生作用。

●●●● 六、实 验 记 录 方 式 ●●●

1. 在完成"系统设置"和"文件设置"的参数编辑后，单击对话框中的" 确定(0) "按钮进行确认，并开始下一步的设置。

2. 在进行"版面设置"时，对主窗口的"页面大小"、"页数设置"等参数完成设置后，可接着通过单击" 版面对齐标记(Z)... "、" 设置边空版心(P)... "、" 裁接线(Q)... "、" 版心及背景格字号(R)... "、" 页码类型(S)... "等选项后弹出的复选框进行对应参数的设置。全部的参数都设置完毕，再点击"版面设置"窗口中的" 确定(0) "按钮，完成版面设置并保存各项参数。反之，单击" 取消(C) "按钮关闭窗口。

●●●● 七、实验讨论与评价 ●●●●

1. 不同报纸的环境参数与报纸风格之间的关系如何？
2.《广州日报》和《南方日报》同属党报，为何两者之间的环境参数有所不同？

●●●● 八、实验报告 ●●●●

1. 提交实验中生成的文件。
2. 完成实验中所讨论的问题。

●●●● 九、实验思考与练习 ●●●●

1. 收集不同报纸类型的版面，比较它们的环境参数，思考不同的环境设置是怎样体现报纸自身的特点和风格的。
2. 选择一家知名平面媒体的版面，收集其环境设置参数，自己动手进行实验。

参考文献：

［1］岳山.当代报纸电脑编辑基础［M］.合肥：合肥工业大学出版社,2004.

实验二　报纸版面语言

● ● ● ● ● 一、实验目的 ● ● ● ●

1. 通过具体版面个案掌握版面语言各要素的特点、作用。
2. 能够恰当灵活应用版面各要素来体现报纸的编辑方针、报道对象的主题思想。

● ● ● ● 二、实验要求与知识准备 ● ● ●

1. 了解构成版面语言的三种基本形式并在此基础上掌握版面语言各要素的特点、作用。
2. 根据报道对象和编辑方针发挥版面语言表情达意的积极作用。

● ● ● ● 三、实 验 场 地 与 器 材 ● ● ●

1. Windows98/2000/ME/NT/XP 中文版操作系统。
2. 方正飞腾排版系统 FIT4.0。

● ● ● ● 四、实 验 方 法 与 步 骤 ● ● ●

版面语言作为一种形式语言,是版面内容特有的表现手段,也是报纸编辑用以充分表达编辑思想、编辑意图,与读者进行交流和沟通的重要途径。版面语言的基本形式包括:版面空间、编排手段和版面的布局结构。本章实验主要涉及版面空间和编排手段,版面布局结构安排在实验三版式设计中作具体介绍。

(一) 版面空间

1. 区域
(1) 确定版序
版序指版面排列的先后次序。有三种版序情况。
第一种:多张叠在一起,第一张正面为第一版和最后一版,背面为第二版和倒数第二版。
第二种:分张依次叠放,第一张为一至四版,第二张为五至八版。
第三种:分若干版组,每一组由多张叠在一起。
一般来说,第一版和各版组的首页比其他版强势。这里重点讲解"头版"设计中的导读趋势。

头版通过开设"导读"来集中更多重要的信息。导读包括标题式导读、提要式导读、海报式导读。精编头版和首页稿件以及链接后版相关详细报道的操作方式,不仅可以使头版和首页得到充分利用,还能够一目了然地突出重点新闻,表现出报纸在议程设置上的编辑思想。

图 2-1 是 2013 年 12 月 24 日《新京报》的头版,该版有 8 条报道的导读(该版面电子版详见光盘)。《一季度部分省份可单独两孩》、《动批确定外迁:市郊河北备选》、《严防禽流感》三篇新闻报道作为要闻在"导读"中通过字体、面积、图像等版面语言的运用彰显了其强势地位。《严防禽流感》采用了海报式导读和提要式导读两种方式相结合的形式,大图片是在河北保定南市区发现禽流感疫情区,工作人员对过往车辆进行消毒的图片,而作为"画龙点睛"的部分,提要式导读就事件作了简要叙述,将稿件要点直接呈现在读者眼前,增强了阅读兴趣。其余头版的导读则只采用了"标题式导读"的方式。

图 2-1　2013 年 12 月 24 日《新京报》头版

注:因出版需要,此版面已进行修改,对广告部分进行遮挡处理。

在头版获得"导读"权利的稿件,都是其所在版面较为强势的稿件。而通常,在"头版"导读中以图片出现或者在导读中占强势地位的稿件,一般都是时政新闻、反映深刻社会背景和具有较大舆论影响力的稿件。

新闻版面的版序设置除了反映各个版面报道内容、报道风格的差异,也反映不同报刊的不同定位。由于读者阅读报纸的时间、地点、心态、需求不同,所以日报与晚报也应当以适宜的版序来适应读者的阅读重点和阅读顺序。

(2)确定区序

报纸以区序来区分一个版面中不同报道的强势程度,其依据是人们长期以来养成的阅读习惯。如图 2-2 所示的版面(该版面电子版详见光盘),强势程度从大到小排列是左上、右上、左下、右下。即最强势的是图中的 1 号区域《"知假买假"索赔合法》，接下来是 2 号区域《别让科幻灾难片成了现实》，强势程度占第三位的是由《"近视"不能评三好生是矫枉过正》和《美国不要老在南海问题上挑事》组成的 3 号区域，而整个版面最弱势的是 4 号区域《花市何妨"孤芳自赏"》。

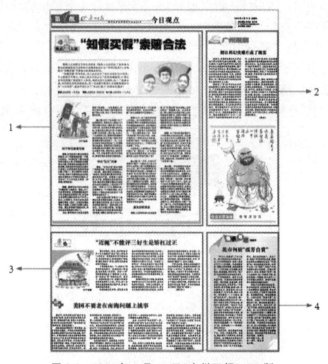

图 2-2　2014 年 1 月 11 日《广州日报》A02 版

　　在同一块版面上，不同的区域强势程度不一。报刊的阅读方式是线性的，对横排报纸而言，读者在阅读一篇文章时总是沿着从左至右、从上至下的顺序来阅读。这是一个相对封闭的阅读过程，不太容易受到干扰。对于在印刷媒介环境中成长起来的人们来说，线性的阅读方式仍是最有效的。一般认为，上半版比下半版更强势，左半版比右半版更强势。如果把版面分割成四个不同的区域，最具有强势的是左上区，也就是头条的位置；其次是右上区；下半版左右两个区何者更有强势，有两种意见。一种意见认为下半版的左区比较强势，另一种意见认为下半版的右区相对强势。这种区域强势的倾向性取决于编辑人员对编辑手段的选择。一些八开大小的都市报排版已很少采用四块隐形区域的方式，较多采用的是从上到下，或从左到右，或从中间向两侧，或整版自由的排版方式。党报则较多地采用"S"型的豆腐块排版，这种排版方式也符合该类报纸严谨、中规中矩的特点。

　　2. 面积

　　报纸的"面积"大小同样会对报道的强势效果产生影响。若按照读者的阅读习惯，右下角是阅读的弱势区域。而图 2-3 中的《富士康旗下大厂迁出衍生社区顿时见荒芜》首先在面积上就已"略胜一筹"；其次是全面综合的调查使主题的深度增强；再就是一张大图片的"制胜"及小幅图片的补充说明，使读者一打开报纸注意力就被吸引到版面的右下角（该版面电子版详见光盘）。

图 2-3　2014 年 1 月 3 日《羊城晚报》A14 版

　　在同一块版面上,面积越大的图片越能吸引读者注意,面积越大的标题也越能给读者带来视觉冲击。现在许多标新立异的美术编辑通过把标题做粗做大或打破以往标题厚度与文章厚度形成 1∶3 甚至 1∶4 的传统,使版面出现大标题、小文章的格局,使稿件更加出挑。在进行版面编辑时我们也应该根据稿件的价值进行实际判断与设计,通过恰当的图片和标题面积来表现稿件的重要性。

　　3. 距离

　　距离指的是通过利用距离的接近来表现稿件之间的联系。图 2-4 是关于"张存浩、程开甲获国家最高科技奖"的报道,该版面分为三部分,左边是叙事性报道,中间及最下方的文字信息构成补充资料,右边是亮点及相关解读。三块区域除了采用不同字体和字号来进行区分外,它们之间也以 2.5 个字的距离隔开,而每个区域中则以小标题的形式进行"聚拢"。这样,整个版面条理清晰,主次明显(该版面电子版详见光盘)。

叙事性报道　　　　补充资料　　　亮点及相关解读

图 2-4　2014 年 1 月 11 日《新京报》A03 版

一般来说,不同稿件之间可以通过线条或留白来拉开距离。而对于内容较多、小标题较多的稿件或系列报道、专题报道,如何利用距离来把握稿件之间的联系是非常重要的。我们可以将有内在联系的稿件集中起来配合着排版,同时注意凸显稿件各部分之间的主次关系,力求编辑后的版面能整齐统一、错落有致且主题突出。

4. 形状

形状指的是把文字编辑成一定的形状来表达编辑意图。一般稿件都是以四边形的形状出现的。在新闻文字编辑中,四边形稿件最为强势。但在许多副刊、体育版或娱乐版为了让文字与图片有效结合,常常出现不规则的多边形或有意地把稿件编排成规则的多边形。

图 2-5 是《南方都市报》娱乐新闻(该版面电子版详见光盘)。为了加强视觉冲击力,编辑采用了正负形设计,以电影《007》中手持枪的经典造型作为负形,从而使得这一幅看似只有线条的"图"变成了读者第一个接受到的有效信息。在文字部分,右边是《贾樟柯动了王家卫的人》和《鲁豫回应三大质疑》与《中国式 007 驾到》以一条正线隔开,而《中国式 007 驾到》的文字部分就顺理成章被"扭曲",与图片相嵌。图 2-6 是《广州日报》"2012 年伦敦奥运会"的特别版(该版面电子版详见光盘)。除了采用网球形状的图形编辑《李娜女单出局有何玄机?》外,还通过将图片放在乒乓球拍里的造型让《华裔美少女曾送盖茨"鸭蛋"让巴菲特称臣》更具视觉表现力,同时文字部分为配合图形产生的"扭曲"也让版面看似更加动感。文字与图片之间的关系如何处理,本教材将在实验四作详细介绍。

图 2-5　2006 年 4 月 2 日《南方都市报》B06 版

图 2-6　2012 年 7 月 30 日《广州日报》AII4 版

稿件在版面上呈四边形与多边形两种外形,四边形比多边形更具强势。形状相同的稿件放在一起,形成统一的视觉形象,有助于表现稿件内容的相关性。现在的报纸大多还是以"豆腐块"拼凑而成的,但也存在着编辑为了强调稿件之间的亲疏关系,故意采用以同样大小的四边形或有规律变化的四边形来编排稿件的情况。但总体上来说,多边形的"刻意运用"是比较少的。不规则的形状运用应该与稿件的内容、风格相得益彰,和谐交融,切忌为了形状摆弄而导致内容和形式的相互割裂。

(二)编排手段

1. 字符

在报纸的版面编辑中,采用不同的字体和字号是因为它们能够丰富版面,更重要的是因为字符也是体现报纸整体风格的一个因素,它能传达不同的感情、表达不同的倾向。

2013 年 10 月 1 日《新快报》的头版是对《怒海大搜救》的海报式导读。海报上共有 6 种字号的文本,有关《怒海大搜救》的有 3 种,其余是其他头版的导读,如图 2-7 所示(该版面电子版详见光盘)。"怒海大搜救"是主题,采用的字号是最大的。"台风'蝴蝶'西沙闯大祸"说明这一事件的起因及严重程度,采用第二大的字号。其他的是有关搜救进度的一些内容摘要,其中较为重要的"西沙海域"用其他颜色进行了标注。

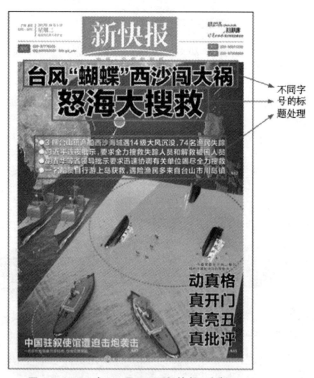

图 2-7 2013 年 10 月 1 日《新快报》头版

编辑可以利用字体、字号所具有的不同强势效果来表现编辑意图和风格色彩。在版面编排中,字符的变化主要表现在字体和字号两个方面。字体指字的外形,有两层含义:一是按字符的长宽比例,分为正方体、长方体和扁体三类;二是按字符的笔画特点,分为宋体、黑体、楷体等。字号是指字的大小,不同的字体字号有不同的特点。

编辑还可以通过形态大小、形态矛盾、色彩变化、互借互生等手法来制造丰富多彩的视觉效果。形态大小就是通过加粗、变细、拉长、压扁等设计,改变常规字体,达到字体的编辑效果。形态矛盾就是运用正负阴阳的表现方法,加强版面的视觉空间,营造"纵深"效果。

2. 图像

常言道,"一图顶一万言",用一张图片抓住读者的心是可能的。如果一个版面上只有一篇篇冗长的文字报道,报刊给人留下的印象就是死气沉沉、毫无活力。在新闻编辑中,图片若运用得好,它给读者带来的视觉冲击力是文字所不能做到的。

在《广州日报》这一版面中编辑巧妙地插入了一张"背向带着拳击手套的臂膀"的图片,如图 2-8 示(该版面电子版详见光盘)。文章的主题是"商业搏击比赛几时能够'点菜'",图片既表现出拳击的力量,无奈的背影也表现出商业搏击比赛的利益炒作给拳击手带来的伤害。一张简单却富有深意的图片带给读者的是思考的动力,然后才是其作为文本内容的辅助工具所起到的"吸引"作用。报刊编辑中所选用的图片不宜太过复杂,主题元素要突出,可以是人物特写、颜色元素或其他具有视觉冲击力的元素。在今天的报刊编辑中我们常常可以见到富有创造力、感情诉求强或有反讽作用的图像,这些图像给读者传递了直观、强势的视觉冲击,其效果是文本所不能相提并论的。

图 2-8　2014 年 1 月 9 日《广州日报》B5 版

在现代报纸上,图像是非常重要的一个元素,它具有传播信息、证明事实、图解诠注和美化版面等作用,能够成为视觉中心,成为影响版式的重要部分。图2-9是《南方都市报》关于"公办外语校小升初或先摇号再面谈"的报道,编辑将"升"字的竖线笔画替换成了长梯的图片,字形结合体现出公办外语校小升初将变得十分不易(该版面电子版详见光盘)。报刊新闻编辑中图像等非文本形式的运用加强了报道的可读性和真实性。编辑通过图像处理软件将图像进行裁剪、切割、重组等,通过在版面上对图片中人或物的形态进行巧妙衔接,一步一步地把读者的注意力引向视觉中心。

图 2-9   2014 年 1 月 1 日《南方都市报》AA04 版

3. 线条

在报刊的版面编辑中,编辑可以运用不同的线条来丰富版面,辅助稿件的编排。报刊版面编辑常用的线条类型有水线和花线两种:水线包括正线(细线)、反线(粗线)、正反线、双正线、双反线、曲线和点线;花线是指有花纹图案的线条。查看现今的报纸可以发现,极少报刊会使用花线,而在水线的运用中,点线使用得最少,正线和反线的使用占很大的比例,且通过调节线条的粗细、长短及色彩,还会让版面呈现出丰富多样的视觉效果。

图 2-10 是《广州日报》的楼市版,该版由多篇稿件组合而成,编辑利用标题和点线进行同类型稿件的组合及相互区分(该版面电子版详见光盘)。此处点线的作用在于区分两篇小稿件,而版面中用的三条正线和三条反线则将版面分成 6 个区域,从而使版面整体错落有致,条理分明。其中有两条反线还改变了颜色,采用蓝色和黄色,一定程度上丰富了版面色彩。

反线
正线
点线

图 2-10　2012 年 12 月 7 日《广州日报》B15 版

　　线条在版面编辑中也是运用得比较多的一种手段。线条具有分割和美化版面、突出重点和增加强势的功能。花边适合传统怀旧的题材,而线条和色块则更适合展示现实的新闻。

　　为了新闻版面的简洁,线条的运用必须少而精,否则,线条的运用不仅起不到应有的作用,甚至会成为累赘。"首先,可以不通过线条达到的效果,就坚决不用。事实上,只要在版面布局上巧用自然分割,充分运用图片、图表以及标题的间隔作用,线条的数量是可以大大减少的。其次,线条种类上也应去繁就简。绝大多数现代报纸的新闻版面只用平直线一种式样,或横或竖,只是通过粗细加以区分。花线、曲线、折线等已越来越少被使用,复杂和繁缛的花边和多种线条配合使用的情况更是难得一见。"①

　　4. 色彩

　　在报刊的版面编辑中,编辑可以运用色彩来彰显报刊独特的风格和诉诸特殊的精神内涵。图 2-11 是《北京青年报》"今日关注"的版面,这天的主题是"我们牵挂香格里拉"(该版面电子版详见光盘)。《北京青年报》的主色调是以浅蓝色为主配合单色印刷,这一期使用如此丰富的色彩所带来的冲击力是强烈的。在香格里拉古城遭遇大火后,人们对香格里拉美景的怀念中还带着惋惜。《北京青年报》不仅在标题字体底色上做文章,用绿色及黄色调的渲染表现出香格里拉的美丽色彩,还通过香格里拉古城昔日的风景图片展现迷人景致,让人无比怀念,可以说,色彩的准确运用增强了报道的感染力。

---

①　魏红秋,李冰清.是让报纸版面更吸引眼球[J].青年记者,2007(12).

图 2-11　2014 年 1 月 12 日《北京青年报》A10 版

　　色彩的强势作用在彩色报纸时代最为突出,因为色彩往往先于文字和图像给人们留下深刻的第一印象,在报刊版面诸多的构成元素中,色彩是最直接、最迅速、最敏感的因素之一。色彩可为版面确定基本色调,塑造版面风格,但在色彩运用上要注意适度原则。不应太过花哨:避免色彩过于斑斓,缺乏主色调;避免对比过于强烈,缺乏和谐美;避免色块过于琐碎,缺乏整体感;避免用色过于随意,缺乏协调性、人文性。

　　色彩具有三种属性,分别是色相、明度和彩度。不同的色彩表达不同的情感。

　　一般来说,红色给视觉以迫近感和扩张感,称为前进色。红色可以给人留下富有生命力、饱满、欢乐、喜庆的印象,在标志、旗帜、宣传等用色中占据首位。

　　橙色属于能引起食欲的颜色,给人香、甜、略带酸味的感觉。

　　黄色是所有彩色中最明亮的色,给人留下明亮、辉煌、灿烂的印象。

　　绿色则象征着丰饶、充实、平静与希望。

　　蓝色让人感到崇高、深远、纯洁、透明、智慧。

　　白色体现明亮、干净、朴素,但如用之不当,也会给人以虚无之感。

　　黑色既可使人感到阴森、恐怖、悲痛、绝望,又可营造严肃、庄重的感觉。

　　灰色能给人以含蓄、耐人寻味的感觉,但又容易给人平淡枯燥、单调、颓丧等感觉。

　　如今的报刊已很少使用单色印刷。彩色印刷是一种趋势。不过,由于采用单色印刷的版面所表达的情感最为强烈,又由于黑色、灰色、白色三种颜色组合的意义重大,因而这种色彩编排和印刷在非常特殊的情况下仍然会使用。在 2013 年 4 月 20 日发生四川雅安地震后,国内的报刊都不约而同地采用了黑白灰相结合的色彩编排方式,如图 2-12 所示(该版面电子版详见光盘）。这是举国哀悼的特大灾难性事件，报纸的"素衣"传达出了浓烈的悲痛之情。

图 2-12　2013 年 4 月 21 日《武汉晚报》头版

●●●●●　五、实验注意事项　●●●●●

不同的报刊除了在文字的采写、版面的设置等方面有所不同，它们风格的确立也必须依赖于它们所特有的一些"版面语言"。在分析"版面语言"时，要注意结合报刊的具体风格和编排方式。

●●●●●　六、实验记录方式　●●●●●

1. 保存文件。选择"文件/存文件"选项，或者使用快捷键"Ctrl＋S"，或者单击图标"🖫"，弹出"另存为"对话框，输入文件名（报社为方便辨认文件，其文件名一般会使用"日期＋版面名称"的格式），其他设置保持默认值，单击"保存"完成步骤。

2. 若想将.FIT 文件保存为.JPG 格式图片，操作方法分三步：

（1）选择"文件/部分发排"选项，弹出"部分发排"对话框，保存类型选择"EPS Files（＊.EPS）"，在下面勾选"生成 Tiff 预显图"，图像格式点选"24 位"，单击"保存"。

（2）打开 Photoshop 软件，选择"文件/打开为"，或使用快捷键"Alt＋Shift＋Ctrl＋O"，选择所保存的.EPS 文件，在下方"打开为"内选择"EPS TIFF 预览"，单击"打开"，即可打开 EPS 文件。

(3) 选择"文件/保存为"选项,或使用快捷键"Ctrl+S",弹出"保存为"对话框,选择所需的文件格式,单击"保存"即可。

●●●● 七、实 验 讨 论 与 评 价 ●●●●

1. 时政新闻和娱乐新闻在版面语言运用上有哪些主要的区别?
2. 简述版面语言的运用给读者阅读报纸带来了怎样的影响?

●●●● 八、实 验 报 告 ●●●●

1. 提交实验中生成的文件。
2. 完成实验中所讨论中的问题。

●●●● 九、实 验 思 考 与 练 习 ●●●●

图 2-13 这个版面是如何运用版面语言的(该版面电子版详见光盘)?

图 2-13　2013 年 12 月 2 日《广州日报》A2 版

参考文献:

　　[1] 蔡雯. 新闻编辑学[M]. 北京:中国人民大学出版社,2006.
　　[2] 魏红秋,李冰清. 让报纸版面更吸引眼球[J]. 青年记者,2007(12月下):97.

实验三　报纸版式设计

一、实验目的

本实验依照方正飞腾的工具性和创造性介绍报纸版式的设计方法。工具性：认识报纸的几种主要版式类型，并通过方正飞腾灵活运用这些版式类型进行排版。创造性：通过对主要版式类型的掌握，在此基础上创新设计出有特色的版式，丰富版面风格。

二、实验要求与知识准备

1. 学会利用方正飞腾进行各种报纸类型的版心设置。
2. 学会文字的排入、字号字体设置。
3. 具有版面结构的基本意识，掌握综合式、重点式、集中式和非规则式等主要版式。
4. 提高对版面的审美能力，包括对版面的美感是否平衡有一定的鉴别能力。

三、实验场地与器材

1. Windows98/2000/ME/NT/XP 中文版操作系统。
2. 方正飞腾排版系统 FIT4.0。

四、实验方法与步骤

（一）根据内容组合特点分类的主要版式

1. 综合式版式

综合式版式的特点是稿件多、报道面广，虽然报道内容有主次之分，但是在版面处理上并不是有意突出这种差别的。在这种类型的版面上，头条标题的字号与第二条新闻、第三条新闻标题的字号悬殊不是很大，版面轻重均匀。图 3-1～图 3-3 都属于综合式版式，这三个版面的稿件相对比较多而且比较集中，版面轻重比较均匀（该版面电子版详见光盘）。报纸的第一版往往都是综合式版式，作为读者的阅读导航。

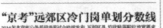

图 3-1　2014 年 1 月 11 日《新京报》A08 版

图 3-2　2014 年 1 月 10 日《广州日报》头版

图 3-3　2014 年 1 月 12 日《羊城晚报》头版

　　2014 年 1 月 11 日《新京报》A08 版面采用的就是综合式版式,本处要详细地对其编排过程进行拆解。一般来说,编辑在对报纸版面进行编辑时遵循从上到下,从左到右的顺序,这种顺序体现了读者的阅读习惯(该版面练习素材详见光盘)。

　　① 本版共有五篇报道。在这五篇报道中,首先要区分稿件的轻重缓急次序,确定出大致的编排顺序并进行编号,这样有利于稿件的后期编辑。其中,《中考考试说明公布　语文增情境写作》相对其他四篇报道在新闻要素上较为显著,把它排在上方并置通栏正是为了突出这条新闻的重要性,如图 3-4 所示。

　　② 在剩余稿件中,根据新闻事实本身的显著性和重要性进行排列,以安排稿件在版面中的位置。其中,图片新闻《穿上行头儿,咱也是角儿!》和稿件《十三陵昭陵祾恩殿今年揭瓦大修》在内容上都是关于城事且都配有图片说明,在本版的重要性相当,所占版面空间也差不多。为了使版面富于变化,增添层次感,前者则重通过图片表现,而后者则在字数上占优势,如图 3-5 所示。

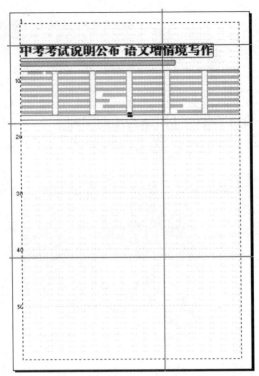

图 3-4　编排版面重要稿件《中考考试说明公布语文增情境写作》

图 3-5　编排图片新闻

③ 在剩余的两篇稿件中《"京考"远郊区冷门岗单划分数线》属动态报道,信息比较强,新闻编辑的深度与综合性也都很突出,在版面面积上占足优势,所以排放在视觉强势较弱的左下角也同样会引起关注,如图3-6所示。

④ 在完成前三步版面设置的基础上,在剩余的版面中,编辑对《昌平小学学位缺口近万人》这篇稿件进行竖向排列以方便与第三步的横向排版区分开,在字数、内容以及位置上起到版面补充的作用。

图3-6 编排《"京考"远郊区冷门岗单划分数线》稿件等次要稿件

2. 重点式版式

重点式版式的特点是有意突出版面上的某一部分内容,使其成为版面上引人注意的重点。对重点内容的处理通常是用加大标题字号、配发大幅图片、加框等编排方法,使读者一眼就注意到这一重点区域的内容。2013年11月10日的《广州日报》和《新快报》,如图3-7、图3-8所示(该版面电子版详见光盘),其重点内容都是关于广州恒大夺得亚冠联赛冠军的报道。图3-9是2013年12月29日《新民晚报》的头版,读者首先注意到的是《让家家户户过一个温暖的冬欢乐的节》这篇稿件,其大篇幅、大稿件以及在版面中的居中位置,形成了报道的强势(该版面电子版详见光盘)。

图 3-7　2013 年 11 月 10 日《广州日报》头版

图 3-8　2013 年 11 月 10 日《新快报》头版

图3-9　2013年12月29日《新民晚报》头版

我们不妨以2013年11月10日《广州日报》的头版(如图3-7所示)为例,学习如何进行重点式版面的编辑(该版面练习素材详见光盘)。

① 选取重点稿件。本版选取了《广州恒大夺得亚冠联赛冠军》作为重点,无独有偶,当天的报纸大多也对这个事件进行了重点报道。进行一个重点报道,需要有一定篇幅的文字和大量的图片。图3-10和图3-11选择了两张当天夺冠后的场景图片,展示了现场欢乐的景况,渲染了夺冠的喜悦气氛。其中,对恒大队员围捧奖杯的现场图片进行了放大,置于中间,展现了夺冠后的欢腾场面。

② 比较理想的重点式版式。采用该版式后,文字和图片的数量和位置关系不出现"扎堆"现象,间隔合理。采用重点式版式时,可以先决定好文字的位置,再插图片,也可以先放图片再配文字。而此例子中,由于图片数量较多,所以文字的排放被放在后面,如图3-10、图3-11所示。

图 3-10　选取重点稿件

图 3-11　当图片数量较多时,可先编排图片再配文字

③ 重点式版式对图片的编排、组合尤为重视,除了适当选取主图的位置外,其余图片的巧妙配合也会让版面内容丰富起来。我们以主图下方"功臣册"的制作为例,首先选取穆里

奇的头像,绘制一个椭圆形,将其拖到需被裁剪的穆里奇图像上。选择"美工"菜单中"路径属性"下的"裁剪路径",得到如图3-12所示的状态。

图 3-12　选择"裁剪路径"选项

　　按住"shift"键,同时选中椭圆形和穆里奇图像,选择"版面/块合并"选项,被裁剪的对象只有裁剪路径中的那部分会显示出来。选用工具箱中的图像裁剪工具"🔲",在裁剪路径中拖动,裁剪工具会变成手形,此时可选择对象的最佳裁剪区域,添加文字后得到如图3-13所示的效果。以此类推,完成其他队员图像的处理后,编排完成功臣册的其余部分,如图3-14所示。

图 3-13　穆里奇图像

图 3-14　制作完成功臣册

④ 完成重点稿件的编排后,要对剩余的稿件进行第二次"把关",尽量不要让这些稿件抢了重点稿件的"风头",要有主次之分。如果剩余稿件的编辑空间有限,最好选取一两百字的稿件,稿件数多至四五篇,少至两三篇。稿件过少的话,不容易衬托出重点稿件的地位,所以需要几篇小稿件,在一些重点稿件旁边编列成几个"小豆腐块",与重点稿件相比,孰重孰轻,读者一看就明了,如图 3-15 所示。

图 3-15 编排时要注意稿件的主次之分

3. 集中式版式

集中式版式的特点是用整个版面或版面的绝大部分刊登有关同一主题的稿件。集中式版式的稿件是可以相互并列、互为补充的,从各种角度、各个侧面来反映问题;也可以是对比式的,通过正反两个方面的对比来表现某个主题。2014 年 1 月 12 日《羊城晚报》的 A06 国际版,如图 3-16 所示(该版面电子版详见光盘),围绕着沙龙去世这一主题,报道了沙龙昏迷八年直到去世的简要情况、他一生所经历的重要事件、对中东局势的影响、巴以两国对他的不同评价、外界对沙龙的褒贬看法以及沙龙的家庭生活等相关新闻,从不同角度反映了国际舆论对沙龙这个有争议的人物一生的看法。而 2014 年 1 月 8 日《广州日报》的 A3 版,如图 3-17 所示(该版面电子版详见光盘),通版都是关于广州雾霾预警当天的报道,包括中小学课外活动停止、市民生活受到影响、北上广雾霾情况对比等,处处反映了全国对雾霾天气的重视。

图 3-16　2014 年 1 月 12 日《羊城晚报》A06 版

图 3-17　2014 年 1 月 8 日《广州日报》A3 版

我们现在以 2014 年 1 月 12 日《羊城晚报》A06 版(如图 3-16 所示)为例,分析集中式报道版面设计的基本步骤(该版面练习素材详见光盘)。

① 本版面所选取的稿件都是报道有关沙龙一生的新闻,只是采访的角度不同而已,属于典型的集中式报道。我们先对这个版面进行切割,大致确定版面的结构,如图 3-18 所示。需要指出的是,虽然是集中式版式,但新闻同样有所侧重,版面的结构不可能做到"平均分","集中"并不意味着稿件力量均等地聚集。

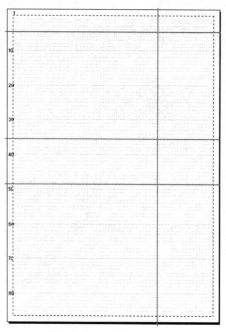

图 3-18　确定版面结构

　　② 大致定好位后，接下来要对稿件的"轻重缓急"进行排列。这里，编辑把《沙龙打输"最后一仗"》的稿子放在左上角这个势点最强的位置，并配以 2001 年沙龙当选以色列总理后在耶路撒冷哭墙祈祷的图片，如图 3-19 所示。

图 3-19　编排主稿

③ 与第一篇稿件竖向编排模式不同,其下方的两个稿件《巴以对沙龙的评价判若云泥》以及《"武士"铁腕征战 政坛"王者"独尊》都采用横向编排模式,且均配有图片,历史年代感较强,后者所占版面空间与《沙龙打输"最后一仗"》所占版面相当。在两篇所占版面较大的稿件之间插放的《巴以对沙龙的评价判若云泥》稿件,起到了过渡的作用,避免了上下两篇稿件因在视觉上"相撞"而导致重点不突出,如图 3-20 所示。

图 3-20 稿件编排效果

④ 剩余的稿件均为表达观点的动态消息,分别报道了沙龙去世后对中东的影响、外界对沙龙的褒贬评价以及沙龙的家庭生活等。对于这些"豆腐块消息",最好的办法就是采取同种编排格式,例如齐列式;其次是放大稿件的标题,让读者读题即可明了信息的大体内容;最后采用"扎堆"编排稿件的方法,把"豆腐块"稿件编排在一起,从而产生较强的视觉冲击,版面既集中又整洁,如图 3-21 所示。

图 3-21　编排剩余动态信息

（二）根据稿件排列的结构特点分类的主要版式

1. 规则对称式版式

规则对称式版式的特点是版面左右对称，即以版面的垂直中分线为对称轴，左右两边安排同量的、同形的稿件，稿件长短和标题大小形状完全相同，从而使版面匀称、整齐。由于规则对称式对稿件的要求较特别，比如相对称的稿件必须长短一样，相对称的标题也必须长短、结构相似，有时为了实现这种完全对称，就要"削足适履"，对稿件进行适当的调整。另外，规则对称式的版面也容易显得呆板，所以在新闻版面上不宜多用。

以前，很多版面在特别的日子、事件或活动中采用规则对称式，显得庄重大方，但是略显呆板，如图 3-22 所示（该版面电子版详见光盘）。随着版面设计的快餐化、简约化等趋势，现在这种版面已经很少采用了。取而代之的是对规则对称式版式的变形，如图 3-23 所示《新快报》BII13 版（该版面电子版详见光盘）。通过将图片与文字交错排列从而体现出版面层次，同时利用文字长短与图片大小的差别让左右两边各具风格又协调一致，所运用的丰富色彩同样是提升版面活力的要素之一，使版面整体不再呆板。

图 3-22　2000 年 2 月 4 日《北京青年报》第 13 版

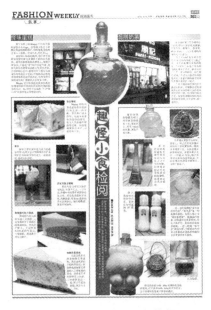

图 3-23　2013 年 10 月 28 日《新快报》BII13 版

2. 非规则对称式版式

非规则对称式版式的特点是讲求整个版面的对称,通常以上下呼应或者对焦对称的方式形成整个版面的平衡。非规则对称式不像规则对称式要求那么严格,必须以中心轴左右对称,而是一种不对等的对称,在对称中有变化,匀称而且生动。

非规则对称式版式主要有上下对称、左右对称和对角对称三种。

（1）上下对称

上下对称是利用上下两个半版的对应关系来形成对称,比如上半版放了通栏标题的新闻,下半版就放一副通栏图片,或上下两半版各放一个通栏标题稿件,各放一张大幅图片等。由于上下对称要求上下两半版各有一篇通栏或近于通栏的稿件,一般来说,这种情况不多,因而上下对称的版式也不常用。

图 3-24 和图 3-25 都是典型的上下对称式版式设计。图 3-24 是 2009 年 3 月 7 日《解放日报》的"两会"专刊,本版采用了严谨的上下对称式版面,不管是标题的设置、图片的编排还是稿件的篇幅,都可以沿着中间的横线进行对折重合(该版面电子版详见光盘)。

图 3-24　2009 年 3 月 7 日《解放日报》第 3 版

图 3-25 是 2013 年 12 月 29 日《羊城晚报》的民生版(该版面电子版详见光盘)。该版面分为上下两个部分,图片和稿件在整体编排上采用了上下对称的编排方式。首先,图片居中,图片左右两边的文字注释篇幅大致相同,位置一致;其次,上下两篇稿件的标题格式一样,字体黑色,副标题底纹浅黄色,"开"与"流"两个字各自对齐图片的左基线;第三,稿件正文的编排格式均为六栏,字体设置相同。整体来看,除了稿件字数及标题长短体现在版面上有明显差别外,这个版面是一个典型的上下对称版式。

我们不妨以 2013 年 12 月 29 日《羊城晚报》民生版(如图 3-25 所示)为例,分析其版面设计的基本步骤(该版面练习素材详见光盘)。

图 3-25　2013 年 12 月 29 日《羊城晚报》A03 版

① 首先利用辅助线对版面进行分割，把版面分成上下左右四个板块，如图 3-26 所示。

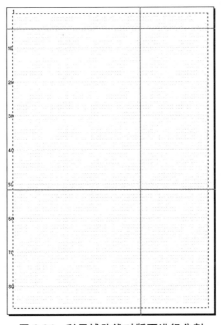

图 3-26　利用辅助线对版面进行分割

② 对左侧上下两篇稿件的标题进行排放。标题包括主题和副题都要按照上下对称的标注方式。传统编排如图 3-24 所示，文字的形式、字体和字数都要做到上下完全重合。而如图 3-27 所示的例子则更加灵活，由于主标题与副标题分别采用了相同的字体与字号排列，即使两篇稿件中标题字数不同，但并不影响整体版面的对称效果。在具体实践过程中，不一定都按这样的字号设计，但原则是大小和字体必须一致，只有这样才能保持对称。

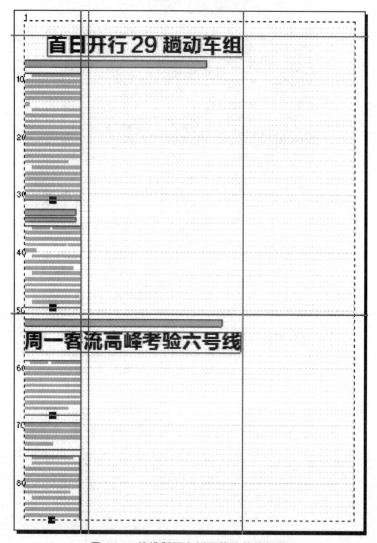

图 3-27　编排版面左侧两篇稿件的标题

新开通的夏深铁路与广州地铁六号线都是市民关注的热点话题，两者出现在同一个版面上，相辅相成，相得益彰。另外，两个主标题都分别出现了表示时间的"周一"和表示数字的"29 趟"，从不同角度体现出两者的受关注程度，达到上下呼应的效果。

③ 插入图片。利用辅助线把图片的大小和位置固定好，以确保上下两张图片保持对称，如图 3-28 所示。

图 3-28　编排图片

④ 插入文字。编辑时必须注意,如果文字太多排版不完的话,需对其进行删减或缩短。根据新闻的倒金字塔写作顺序习惯,稿件往往在最后一段是新闻背景资料,版面实在容纳不下的话,可对其进行部分裁剪。另外,图片和文字必须严格地对齐,此时辅助线就起到了很大的帮助。

（2）左右对称

左右对称版式是指将版面平均分为左右两部分,版面内的标题及稿件正文格式、图片大小位置都关于版面的中线对称,如 2007 年 1 月 1 日《广州日报》头版的版面设计,如图 3-29 所示（该版面电子版详见光盘）。具体在方正飞腾的编排操作上,就是先用标尺把版面分为左右两部分,然后确定好一边的图文格式,另一边则按照先前设定好的格式,编排相应的图片和稿件。

图 3-29　2007 年 1 月 1 日《广州日报》头版

以 2014 年 1 月 12 日《新京报》B07 版为例,分析其版面设计的基本步骤,如图 3-30 所示(该版面电子版以及练习素材详见光盘)。

图 3-30   2014 年 1 月 12 日《新京报》B07 版

① 分割版面。沿着版面的中轴,把版面分成均匀对称的两半。

② 选择稿件和图片。由于对称式版面的要求,稿件和图片最好是偶数,这样才比较容易形成对称,操作起来也比较方便。

③ 插入标题。注意标题字数必须分居左右,字数相等,才能够形成对称。在左右对称的版面中常常要对文字进行对称设置,其中包括居中,右对齐、左对齐、两端对齐。

在这个例子中,如图 3-31 所示,主标题"保卫使领馆"是居中对齐的方式,单击工具条中的居中"▇",标题就被设置在了版面的中间位置,形成了左右对称。同理,左栏与右栏的副标题都是左对齐的方式,单击工具条中的左对齐"▇",两侧的标题就均被设置在了左边。

④ 编排稿件和图片。首先对图片和稿件的位置进行确定。在这里,可将版面分成由上而下的三部分,进行逐一排列,如图 3-32 所示。而上下两部分编辑稿件,中间编排图片,这样不仅有利于版面的视觉呈现,清晰表现出稿件内容的内在联系,图片还起到了缓冲稿件的过渡作用。如果主标题比较大气显眼,选择的稿件数量又比较多,也可以先插入图片,再编辑稿件。

⑤ 除了主标题要对称工整外,副标题和文章的篇幅、编排形式也应该是一致的。如图 3-33 所示。如版面上有广告,所采用的广告形式在左右两个版面依然要遵循对称的原则,不得破坏版面左右对称的平衡。

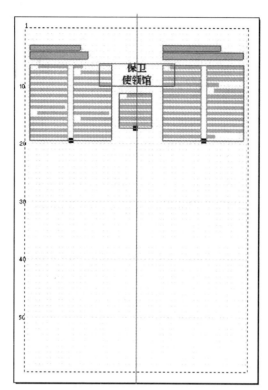

图 3-31　居中主标题

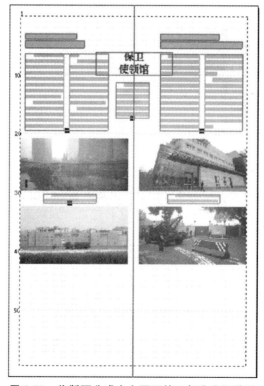

图 3-32　将版面分成由上而下的三部分进行排列

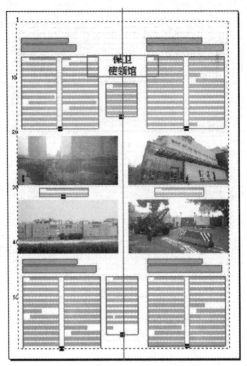

图 3-33　遵循版面对称的原则

（3）对角对称

对角对称包括左上角与右下角对称、右上角和左下角对称两种格式。第一种对称格式在头版上用得比较少，主要是因为版头一般都设在左上角，无法与右下角形成对称。一般的，右上角与左下角对称的情况比较多。如图 3-34 所示，该版右上角与左下角的两组图片形成对角对称（该版面电子版详见光盘）。

从这个版面来看，两组图片不管在空间和数量上都形成中心对称。首先，两组图片分别选取了四张图片，放置在右上角与左下角的位置。其次，在版面的对称中心放置了一篇稿件，它既是版面的中心，同时也是一个"缓冲的过渡地带"。版面中心的两篇稿件，不管是标题格式上还是稿件编排，都是围绕着版心进行对称。

对称的形式出来后，剩下的"坑"可以根据稿件的长短以及新闻的重要性，选取合适的稿件分别加以填充。本版选取了《建设杭州新天堂》，把它放在版面中最强势的位置，而《一场无形的考核》则置于视觉停留点较弱的位置。

这个例子给了我们一个启示：不管是图片还是稿件，如要进行对角对称，那么它们在版面编辑过程中除了要顾及形式，还要遵守新闻的重要性、显著性，这样才不会喧宾夺主，因为形式毕竟是为了内容服务的。

《南方日报》2014 新年特别版（如图 3-35 所示）的版面编排是对角对称形式的变化应用（该版面电子版详见光盘）。连接右上角与左下角的六幅图片组成了版面的"过渡地带"，虽然不是严格意义上对称的图形变换，也没有明显的对称中心，但左上角与右下角的文字部分被分割成相似对称的两部分。且与图 3-34 的不同之处在于，丰富的图形变化让版面语言的表达更有活力。

图 3-34 1997 年 2 月 10 日《光明日报》头版

图 3-35 2014 年 1 月 2 日《南方日报》A03 版

3. 齐列式

齐列式版面是采用统一的方式整齐地排列稿件,使版面出现整齐划一的效果。这种效果的最大特点是,版面上所有稿件在表现形式如标题形式、排列形式、装饰手法等各方面完全相同,变化较少。齐列式版面对稿件的要求比较特殊,它只适用于表现内容上具有共同性、无需特别强调其相互差别的稿件,如图3-36、图3-37所示(该版面电子版详见光盘)。

图 3-36 2009 年 1 月 1 日《新快报》A06 版

图 3-37 2014 年 1 月 13 日《新快报》B06 版

这里以图 3-36 的版面作为例子,分析其版面设计的基本步骤。在这个例子中,它所确定的版式是上插图下配文字。具体细节是主标题底纹为灰色,其中两个关键字为白底黑字并放大。同时,这个放大的关键字镶嵌在主标题上,主标题其他文字与它是一种图文互斥的关系。

① 插入图片,设置好标题形式并对其底纹进行设置。单击"美工"中的底纹,弹出一个对话框,选择样式 1,如图 3-38 所示。

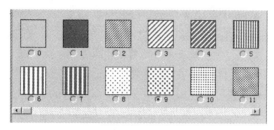

图 3-38　设置标题底纹

② 进行底纹的颜色设置。选择右上角的"颜色设置",弹出一个颜色对话框,自行进行颜色选取。

③ 设置另外的关键字,并对其与主标题进行图文互斥的设置。先单击需要凸显出来的文字或图片,再按住"Shift"键单击另外需要"压缩"的图片或文字,即可实现图文互斥。然后,只需针对八个节点进行调整,直至符合版面的要求即可,如图 3-39、图 3-40所示。

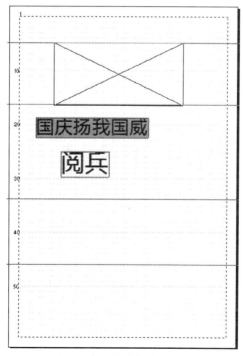

图 3-39　设置关键字"阅兵"

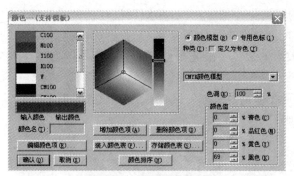

图 3-40　设置字体颜色

④ 在原先确立好的版式上排入文字,若字数不合适,可多删少补。其他部分版式则以它为模板,按照齐列式版面的规则进行——编排,整个版面编排后的最后效果图如图 3-41 所示。

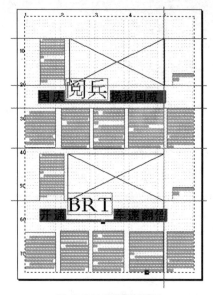

图 3-41　版面效果图

●●●●● 五、实验注意事项 ●●●●●

1. 在排版过程中,要注意对内容进行定期保存,避免造成损失。

2. 版面设计过程中可能会遇到文字太多、无法在版面内编辑完的情况,此时就需要对文字进行删减。删减时必须注意尊重报道原意,不要曲解事实。

●●●●● 六、实验记录方式 ●●●●●

1. 保存文件。选择“文件/存文件”选项,或者使用快捷键“Ctrl＋S”,或者单击图标“■”,弹出“另存为”对话框,输入文件名(报社为方便辨认文件,其文件名一般会使用“日期＋版面名称”的格式),其他设置保持默认值,单击“保存”完成步骤。

2. 若想将.FIT 文件保存为.JPG 格式图片,操作方法分三步:

（1）选择"文件/部分发排"选项，弹出"部分发排"对话框，保存类型选择"EPS Files（＊.EPS）"，在下面勾选"生成 Tiff 预显图"，图像格式点选"24 位"，单击"保存"。

（2）打开 Photoshop 软件，选择"文件/打开为"，或使用快捷键"Alt＋Shift＋Ctrl＋O"，选择所保存的.EPS 文件，在下方"打开为"内选择"EPS TIFF 预览"，单击"打开"，即可打开 EPS 文件。

（3）选择"文件/保存为"选项，或使用快捷键"Ctrl＋S"，弹出"保存为"对话框，选择所需的文件格式，单击"保存"即可。

●●●● 七、实验讨论与评价 ●●●●

1. 由于空间的限制，编排文字和稿件时需要对其进行图文互斥，具体步骤是怎样的？

2. 如果要做一个国庆特刊，选择集中式版面进行设计是否合理，为什么？ 在选取稿件和配图时应该注意什么？

●●●● 八、实验报告 ●●●●

1. 提交实验中生成的文件。

2. 完成实验中所讨论的问题。

●●●● 九、实验思考与练习 ●●●●

1. 图 3-42 版面属于哪种版式的设计（该版面电子版详见光盘）？ 利用本章所学到的版面设计知识，使用方正飞腾软件，模仿该版面设计一个新版面。

图 3-42　2013 年 9 月 19 日《广州日报》头版

2. 图 3-43 是 2013 年 10 月 19 日《广州日报》的一个版面(该版面电子版详见光盘)。分析该版运用到了哪些手段进行编辑,并结合版式设计的特点,分析这样编排的效果。

图 3-43   2013 年 10 月 19 日《广州日报》B15 版

参考文献:

[1] 蔡雯. 新闻编辑学[M]. 北京:中国人民大学出版社,2006.

实验四　新闻图片编辑

●●●●●　一、实验目的　●●●●●

　　本实验的目的是提高学生对版面审美方面的素养,通过掌握基本的图片编排方法,正确地处理图片与文字的关系,熟知图片配文字的相关规则和注意事项;在掌握基本编排原则的基础上,学会通过自己的构思制作出图文并茂的版面。

●●●●●　二、实验要求与知识准备　●●●●●

　　1. 至少掌握 Photoshop、Illustrater、CorelDRAW 这三种软件中的一种对图片进行修饰。
　　2. 掌握利用方正飞腾软件对图片进行编辑的技能。

●●●●●　三、实验场地与器材　●●●●●

　　1. Windows98/2000/ME/NT/XP 中文版操作系统。
　　2. 方正飞腾软件 FIT4.0。
　　3. Photoshop、Illustrater 或 CorelDRAW 等专业图片处理软件。

●●●●●　四、实验方法与步骤　●●●●●

　　新闻图片从外在的形状上看,最常见的有矩形(包括横形和竖形),除此之外还有圆形、椭圆形、扇形、三角形、棱形、圆角形、凹角形、不规则形等。
　　新闻图片从版面呈现的形式来看,主要有单幅新闻图片、成组新闻图片、新闻图片专栏专版、新闻图片与文字的组合等几种。
　　采取何种形式的新闻图片,概而言之要考虑两点:一是要满足图片内容的需要,二是要满足报刊风格的需要。
　　一般而言,政治性比较强的新闻图片,适合用庄重大方的形式加以表现,因此,不适宜对图片进行过多的雕琢和修饰;文艺、体育类的新闻图片,则完全可以追求形式的活泼和变化。
　　本实验从版面呈现形式划分这个角度,讲解新闻图片的编辑。

(一) 单幅新闻图片的编排

　　单幅新闻图片分为三类:独立新闻图片、插图新闻图片和栏目新闻图片。
　　1. 独立新闻图片
　　独立新闻图片即是以独立形式而存在的新闻图片,它不依附于其他新闻文体,本身就是一种完整的新闻报道形式,具有强烈的新闻性和丰富的信息诉求。尽管也需要说明性的文字,但文字是为图片服务的,也就是说,新闻图片是主角,文字是配角。

图 4-1 是 2013 年 11 月 10 日《广州日报》关于广州恒大夺得亚冠联赛冠军的组图(该版面电子版详见光盘)。这几幅具有代表性的图片,本身就具有强烈的新闻性,足以构成一组图片新闻。文字在这里只起到细化和补充说明的作用。

图 4-1　2013 年 11 月 10 日《广州日报》A3 版

图 4-2 是 2014 年 1 月 6 日《新快报》A04 版的新闻,这个版面采用了"集中式"版式,报道了"雪龙"号被困等待救援的事件(该版面电子版详见光盘)。右上角是一幅"雪龙"号被困冰面的图片,版面下方同样是一幅从不同角度拍摄的"雪龙"号大图片,同时配以多幅有关"雪龙"号内部设施的图片。在这个版面中,这些图片都是配发"揭秘雪龙"这篇稿件的,读者略微读题以及看图,就可把握六七成的新闻信息。可以说,这组图片的信息诉求一点都不亚于配发的稿件。

图 4-2　2014 年 1 月 6 日《新快报》A04 版

我们不妨以 2013 年 11 月 10 日《广州日报》的这组版面(如图 4-1 所示)为例,讲解独立新闻图片的编辑过程（该版面练习素材详见光盘）。

①　先把具有重要新闻诉求的图片拉大并优先编排。一般来说，编排独立新闻图片版面时应该先安排好图片。如图 4-3 所示，在设置好题目的字号和位置后，选择最具新闻诉求的图片进行放大。该版面选择了"球迷们在恒大夺冠后欢呼呐喊"的图片，将其放大后并置于版面强势的位置。

②　其他的新闻图片可以通过系列图片的编排形式，像讲故事一样向读者传播信息。图 4-3 选取了两张现场特写图片，分别是欢呼的球迷与手持国旗奔跑的队员，表现恒大夺冠后的喜悦气氛。而把这些图片安排在主图下方与之相互呼应，也使版面整体更加和谐。

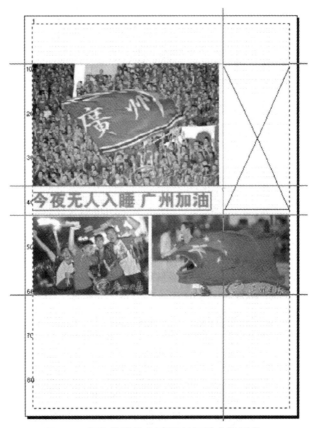

图 4-3　优先编排具有重要新闻诉求的图片

③　为了表现恒大夺冠这一具有历史性意义的事件，仅有一张现场观众的全景图还是不够的，读者需要通过更多富有感染力的场景来感受标题"今夜无人入睡"所传达的兴奋之情。因此在版面下方还选取了球迷表情的特写图片与"小蛮腰"为恒大助威的图片，可以让读者清晰感知这场赛事的特别之处，如图 4-4 所示。

总的来说，独立新闻图片的编辑比较简单，如果图片和新闻要有所舍取的话，此时就应该以图片为主，并根据图片编排相应的文字。

图 4-4　添加富有感染力的场景图片与主图呼应

2. 插图新闻图片

插图新闻图片是为配合文字而刊发的实证式的新闻图片。一般情况下,图与文是反映同一内容的,图片只是对文字内容起一个印证、说明和补充的作用,增强文字内容的真实性、形象性与说服力。

图 4-5、图 4-6 是《广州日报》的两个版面(该版面电子版详见光盘)。这两个版面是以文字叙述为主,图片配合文字,增强了文字的形象性和说服力。

图 4-5　2013 年 10 月 27 日《广州日报》A5 版

图 4-6　2013 年 11 月 28 日《广州日报》B3 版

这里以 2013 年 10 月 27 日《广州日报》A5 的版面(如图 4-5 所示)为例,分析插图新闻图片的主要编辑步骤(该版面练习素材详见光盘)。

① 处理插图新闻图片,首先要借助辅助线,把各个稿件的区位大致确定下来。先对左边的版面进行编排。插图新闻图片的特点是图片比较分散,与文字相比居于次要地位,所以要先编排文字,把文字确定好后,再把图片穿插其中,适当调整,直至符合版面的美感要求,如图 4-7 所示。

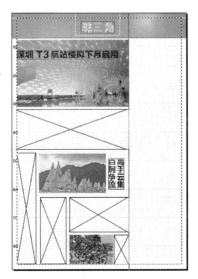

图 4-7　处理插图新闻图片

② 左边的版面编排好后,再编排右边的版面。在这个版面中,文字占了很大的篇幅,图片只起点缀、补充说明的作用。并且,编排图片时,最好不要将其安放在中间,因为左栏中间已经有几幅图片,而且其中一幅图片紧挨着右栏,若将图片安放在中间位置,容易混淆稿件之间的联系,使读者误以为该图片是左栏稿件所配备的图片。所以,把图片放在偏右边或下边都是一个比较好的选择,如图 4-8 所示。

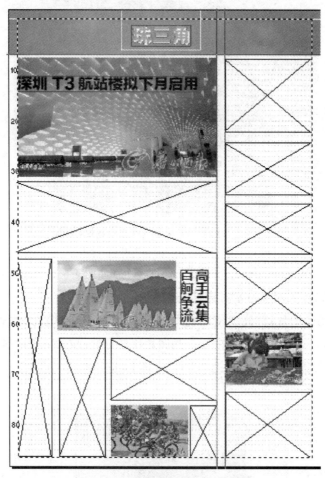

图 4-8　确定版面右侧图片的位置

③ 需要注意的是,插图新闻图片是以文字为报道力量,图片在这里只起到配角作用,切不可把图片批量放大,以免喧宾夺主,影响版面的定位和美感。

3. 栏目新闻图片

一些报纸专门设立了栏目用于刊登新闻图片,栏目有固定的名称,围绕一定的主题来征集和选择稿件,在一个时期内定期或不定期刊发。

图 4-9、图 4-10 是《广州日报》两个图片专栏"老故事"和"DISCOVERY",分别围绕老图片和历史文化的发现这两个主题,配发大量的图片,给读者带来强烈的视觉冲击,同时配有文字解说,形成了独特的栏目风格(该版面电子版详见光盘)。

图 4-9　2013 年 12 月 8 日《广州日报》B6 版

图 4-10　2009 年 1 月 25 日《广州日报》B1 版

　　以 2013 年 12 月 8 日《广州日报》的"老照片"专栏(如图 4-9 所示)为例,分析栏目新闻图片的主要编辑步骤(该版面练习素材详见光盘)。

　　对于这种图片多于文字的专栏版面来说,对图片的编排往往要重要于文字的编排。此版面图片编排的主要步骤如下。

　　① 先安排好版面标题或某部分的标题,并借助辅助线把版面分割成几个部分。

② 插入图片。单击"文件/排入图像",或者单击工具栏中的排入图像工具"🖼",或是使用快捷键"Ctrl+Shift+D",弹出"图片排版"对话框,选中所需图片,单击"排版"选项,将图片排入相应位置后单击鼠标右键选择"块合并",如图 4-11 所示。

图 4-11　设置图片排版"块合并"

即先把图片安置于各个部分内,再配入文字。其实,这种方法有点类似于独立新闻图片的编排,它们之间的区别就是栏目新闻图片的编排中图片要"重于"文字,讲求图片为王;而独立新闻图片的编排则相反。

③ 对本版左上角主图进行相关处理。单击工具箱中的画椭圆工具"⬭",绘制一个椭圆形,选择"线型"选项,将线型设置为"空线",底纹设置为"单一",颜色为暗红色,然后选择"美工/路径属性/裁剪路径"选项,如图 4-12 所示,加入标题等文字后,得到如图 4-13 所示的效果。

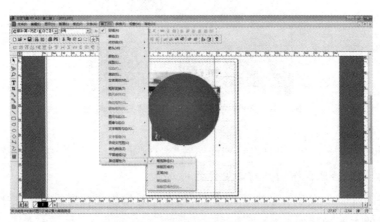

图 4-12　选择"裁剪路径"选项步骤

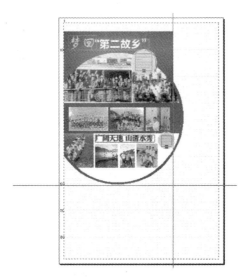

图 4-13 加入标题等文字的效果

④ 本版面大量地使用了竖图进行排列,但是通篇都是竖图排列会导致整个版面单调、缺乏美感,因此在版面穿插排列几张横图可以平衡版面。

⑤ 需要注意的是,在进行栏目新闻图片编排时,文字的编辑技巧也不可忽略,必须注意横排和竖排相间,与图片配合起来,才不至于单调。

本版面的最终效果图如图 4-14 所示。

图 4-14 版面最终效果图

(二)成组新闻图片的编排

成组图片即与主题有关联的一组图片。所谓"与主题有关联",是指这组图片有着相同、相近或者相反的内容,将其编排在一起可以起到强化主题、突出效果的作用。成组图片的编排有以下三种形式。

1. 齐列式

齐列式是把图片按一定的规律整齐排列,每张图片的大小、形状相同的编排形式。这种编排庄重、大方,给人以整齐划一的美感。当然其劣势也非常明显,就是缺少变化,略显呆板。

图 4-15 是《新快报》关于《我是歌手》第二季的一个报道(该版面电子版详见光盘)。在版面上下方都配发了参加《我是歌手》第二季的明星图片,通过大标题及图片中丰富的表情动作细节,连贯且充满对比性地展现了新一季参加者的风采。

图 4-15　2014 年 1 月 3 日《新快报》B01 版

而图 4-16 是《南方都市报》的漫画版,左右两边都是竖排的连环漫画(该版面电子版详见光盘)。这种编排,给人一种整齐划一的规整感,但是版面缺少变化,显得有点木楞。图 4-17 的齐列式版面更为明显(该版面电子版详见光盘)。左右两边的赛车整齐相对,中间上下两组的图片组更是大小、形状相同。

图 4-16　2013 年 12 月 11 日《南方都市报》RB20 版

图 4-17　2009 年 3 月 28 日《南方都市报》B02-03 版

以 2014 年 1 月 3 日《新快报》娱乐版有关《我是歌手》第二季开赛的版面（如图 4-15 所示）为例，来说明齐列式版面的编排步骤（该版面练习素材详见光盘）。

① 选取不同角度的图片。本版所选择的这几张图片中，各位主角的神情举止不一，角度不同，如何把它们合理地编排在一起，且富于动感，是首先需要考虑的问题。选取这七张图片，有三张的视线是朝右的，两张是正视的，另外两张的视线是朝左的。分析完后，此时把视线朝右幅度最大的图片放在第一行的第一个位置，随后逐渐变化到正视的图片，第二行过渡到视线朝左的图片，并与其他两张右视与正视的图片交错放置，这样就动感十足了。即使是齐列式，也不至于呆板，如图 4-18 所示。

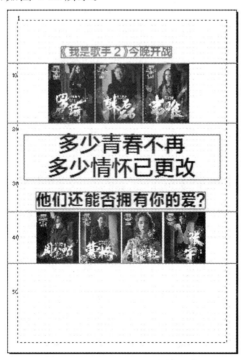

图 4-18　编排不同角度的图片

② 统一图片的大小和形状。这个步骤可以用到专业软件 Photoshop 对图片进行裁剪。根据版面的尺寸以及图片间的间隔,把这个版面的上下两部分分别横向均分成三块和四块,用辅助线把区域分好后再用 Photoshop 将这七张图片裁剪为合适的大小,这样就可以编排成一版具有动感的齐列式版面了。

③ 编放好图片后,再对文字进行编辑。此版比较简单,根据之前齐列式图片编排,剩余版面都是大幅文字,将对应文字放到指定位置即可。

2. 叠压式

叠压式是以一张图片作为衬底,把其他相关的小图片排在这张大图片上,使整组图片成为一个整体的编排方式。需要注意的是,小图片的位置最好安排在大图片的背景部分,这样它就不会影响到大图片的主体效果。这种编排的优势是能节省版面,使整组图片浑然一体;劣势是,若处理不当会影响大图片的艺术效果。

叠压式版式经常应用在报纸封面或栏目封面,背景常常是一张巨大的图片,在其上面叠压其他面积较小的图片,经过 Photoshop 等专业图片处理软件处理后,这些图片浑然一体,更具层次感,彼此间的距离也拉进了。图 4-19 所示的娱乐版面封面就采用了这种叠压式版式(该版面电子版详见光盘)。背景是一幅占了半个版面的鸟巢烟花盛放的图片,该图片向读者传递了新闻发生的地点和当时的盛况,在背景图片之上叠压了成龙的个人照,大小图片相互照应、浑然天成。

图 4-19 2009 年 4 月 2 日《南方都市报》RB01 版

图 4-20 是 2009 年 1 月 1 日《南方都市报》特刊"美丽榜"的封面(该版面电子版详见光盘)。该版面也是采用了叠压式版式,一张红色的海报作为背景,上面再叠放各个明星的剪报。叠放的形状和次序并不杂乱无章,而是通过将各个明星的剪报组合成一个女人的身体,与海报中的男人遥相呼应,构成海报的一部分,格调内容与背景保持一致,并不突兀。

图 4-20　2009 年 1 月 1 日《南方都市报》特刊"美丽榜"

以 2009 年 4 月 2 日《南方都市报》的"娱乐 & 副刊"(如图 4-19 所示)为例,介绍叠压式版式中图片的编排方法(该版面练习素材详见光盘)。

①　切割版面并确定背景图片的面积和位置,如图 4-21 所示。一般而言,叠压式版式的图片较多,先确定背景图片的位置很重要,因为其他的图片都要在它的基础上进行叠压处理。

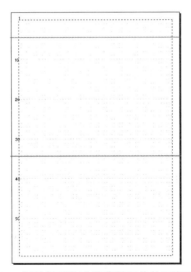

图 4-21　切割版面并确定背景图片的面积和位置

②　确定好背景图片后,开始叠压其他图片。这个步骤要经常使用 Photoshop 等专业的图片处理软件,进行勾勒人物线条、合并图片、旋转角度或修饰图片的操作等。在

图 4-22 中,编辑先通过 Photoshop 勾勒出照片中人物的轮廓,并舍弃原照片中的背景,嵌在"鸟巢"这个大背景之上,同时拉伸放大人物形象,形成鲜明的对比,表现出较强的信息诉求。

③ 叠压自制图片。叠压式版面除了应用记者拍摄的照片,还会出现编辑自制的图片,自制的图片主要起辅助说明的作用。图 4-22 中"鸟巢开唱第一人"几个字眼即点明了成龙这次演唱会的意义。这里主要介绍自制图片及其叠压的方法。

图 4-22　确定背景图并叠压其他图片

首先,在工具箱中选取画椭圆形工具"〇"并拖出一个正圆,单击右键的"底纹"进行底纹设置。

其次,插入文字。选取文字工具"**T**"编辑文字,并将文字叠压在圆形之上。如果文字被图形遮掩,则只需单击右键选择"层次/到面前",文字即可出现在圆形之上。

最后,旋转文字。单击工具箱上的旋转与变倍工具"👆",出现一个红色框架,此时可以对文字进行同等比例的缩放。再单击一次,则出现如图 4-21 所示的"四角箭头",旋转四个角上任意一角即可旋转文字,将文字调整到合适的角度即可。

3. 咬合式

咬合式是使成组图片中的每张图片互相咬合,相互叠压,你中有我,我中有你。其优势是既能显示图片之间的关联,又能变化多端,生动活泼;缺点是处理不当的话,会使整组图片显得杂乱无章。

图 4-23 是 2014 年 1 月 22 日《新快报》的娱乐版面,该版面上分别有一张大图片和四张小图片,第一张人物小图片编排在大图片的左下角并咬合着大图片,每张小图片之间也相互咬合形成串联,整个版面显得整洁且颇有动感(该版面电子版详见光盘)。

图 4-24 是 2009 年 3 月 28 日《广州日报》"休闲周·人物"版面,中间一连串的图片巧妙借用了电影胶片的方式,把它连贯了起来,而且让图片之间相互联系,变化多端,具有强烈的视觉冲击感(该版面电子版详见光盘)。另外,这样的编排方式也把版面自然地分成了几个部分,比任何呆板的框线都要新颖而富于动感。但要注意图片之间的联系,避免给读者一种杂乱无章的感觉。

图 4-23 2014 年 1 月 22 日《新快报》B02 版

图 4-24 2009 年 3 月 28 日《广州日报》B10 版

以 2009 年 3 月 28 日《广州日报》"休闲周·人物"的版面(如图 4-24 所示)为例,分析咬合式图片的编排步骤(该版面练习素材详见光盘)。

① 对需要进行"咬合"处理的图片进行编辑。"咬合"式图片常常要根据编辑的编前构思调整其大小、方向和位置等。具体操作为:单击工具箱中的旋转与变倍工具" ",出现一个红色框架,可以对图片进行位置的缩放。再单击此框架,则出现四角箭头,可以对图片进行位置的旋转。

在编排一些咬合式图片的时候,为了避免图片杂乱无章,往往需要借助一些装饰工具来缓冲,如特殊的图式。借助特殊的图形来装饰图片是娱乐新闻或休闲类报刊版面经常采用的编排方式,这种编排方式使画面语言更加丰富,从而能吸引读者。本版采用了电影胶片作为载体,把不同的图片组合在一起,具有新意,也容易让人接受。

② 绘制特殊图形。本版面选择了电影胶片作为特殊图形,这里以该版面的"胶片"为例介绍特殊图片制作的相关步骤。单击工具箱中的画贝塞尔曲线工具"～",画出一条平滑的类似电影胶片的曲线,如图 4-25 所示,并对这条曲线进行底纹的填充色操作。选择"美工/底纹"选项,出现"底纹"对话框,选择图示"1"的样式。同时选择需要的颜色,就可对底纹颜色进行填充。

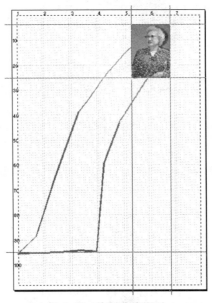

图 4-25 绘制曲线图形

③ 将处理好了的"咬合"图片按一定的顺序置于特殊图形中,并按需要调整图片的大小及角度,如图 4-26 所示。

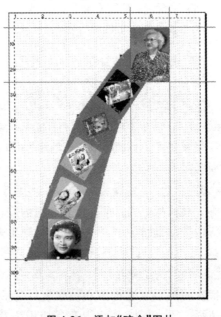

图 4-26 添加"咬合"图片

（三）新闻图片与文字的组合编排

图片与文字的组合，一般说来只有两种形式，一种是题图压衬，一种是文字嵌入。

1. 题图压衬

题图压衬，就是以新闻图片作衬底，把标题字压在图片之上，题目与图片合二为一，二者相互映衬，相得益彰。这种处理方式，使新闻图片发挥了双重作用：一方面，图片与文字内容相互配合，相互印证，突出了新闻主题，强化了文字的传播效果；另一方面，图片也起到了美化版面的作用。

具体说来，题图压衬又可细分为以下几种形式：

全压式：标题全部压在作为衬底的图片上，而图片也几乎全部被标题压住；

半压式：标题全部压在作为衬底的图片上，而图片还有大量富余部分未被压住；

压边式：标题的部分压在图片边角上，而图片基本完整。

图 4-27 是 2013 年 12 月 1 日《新快报》的导读版面，这个版面采用的就是全压式版式，在一张半版通栏的照片上，标题"嫦娥三号明日凌晨奔月"显得十分醒目，而左下角的白色文字则突出了新闻主题（该版面电子版详见光盘）。图 4-28 是 2013 年 10 月 14 日《新快报》B05 娱乐新闻版，该版在左上角位置也是采用了题图全压式的版式，以人物的照片作为背景，除了主标压在照片之上外，新闻稿件也采用了题图全压的形式（该版面电子版详见光盘）。图 4-29 是 2014 年 1 月 26 日《南方都市报》的封面，该版面采用了题图压衬的编排方法。使用李娜在澳网女单决赛夺冠时的图片作为背景，标题统统置于其上（该版面电子版详见光盘）。图 4-30 是 2013 年 4 月 29 日《广州日报》的导读封面，版面采用的是压边式版式，在车展现场图片的下方配有"广州车展，火！"的标题，其中"火"字通过颜色、字体、字号及字形的变化被放大并压住了图片下方的一小部分，使版式愈加醒目（该版面电子版详见光盘）。

一般而言，题图压衬中全压式的形式比较常见，此种题图压衬的方式比另外几种显得更加整洁，也容易与背景图片构成和谐统一的关系。另外，题图压衬经常应用在报纸的封面中，采用大图片来抢夺眼球，然后在图片上编排文字，这种形式在"读图时代"的报纸题图编排中越来越常见。

图 4-27　2013 年 12 月 1 日《新快报》头版

图 4-28   2013 年 10 月 14 日《新快报》B05 版

图 4-29   2014 年 1 月 26 日《南方都市报》头版

图 4-30　2013 年 4 月 29 日《广州日报》头版

以 2013 年 12 月 1 日《新快报》导读版面（如图 4-27 所示）为例,介绍题图压衬编排的基本步骤(该版面练习素材详见光盘)。

① 先对版面进行切割并安排好背景图片的位置及所占面积,图片安放好后,再把标题插入其上,如图 4-31 所示。

图 4-31　切割版面、安排背景图片的位置及所占面积后插入标题

② 标题处理好后,开始对文字进行处理。这里主要对文字的颜色进行处理。方正飞腾默认文字的颜色为黑色,如果要对文字的颜色进行更改,可以采用更改文字本身的颜色以及对文字进行底纹设置的方法对文字颜色进行处理,如图 4-32 所示。

图 4-32　处理文字颜色

　　题图压衬的版式常常要注意文字的颜色与图片的协调,如果图片是冷色调或颜色比较深,文字最好采用白色或暖色调,这样可让文字较为明显,如图 4-29 所示的《南方都市报》封面,由于图片对比度比较大,除人物主体外,大部分背景空间都为深色系,所以文字以白色为主,对比强烈,标题同样突出。

　　如果标题比较多,在题图压衬的时候要对标题进行颜色的设置,使整个版面看起来更加协调美观。另外,标题的大小反映了新闻信息的轻重,如图 4-29 所示的《南方都市报》的封面《"娜"写传奇》和《毒豆芽日产两千斤占据增城半数市场》标题都比较显眼,强调、突出了新闻的重要性。

　　2. 文字嵌入

　　文字嵌入,就是把文字嵌入新闻图片的挖空部分,使文字与新闻图片合二为一,在版面中成为一个整体。与成组图片的叠压式编排相比,二者的相似之处是文字嵌入也要求作为衬底的新闻图片是一幅大图片,挖空部分往往为图片的背景,上面嵌入的文字对大图片的主题没有太大影响,图片的整体效果良好。

　　图 4-33 是 2009 年 3 月 28 日《南方都市报》"体育·F1 专题"的版面。该版面编排新颖,给读者留下了深刻的印象(该版面电子版详见光盘)。两个人物面孔和眼神的交接,把读者的注意力从他们身上转移到中间的文字中。这种图片的留白,比刻意地挖空更能吸引读者的目光。

　　图 4-34 是 2013 年 12 月 23 日《新快报》娱乐特刊的版面。整体来看,图片占据了整个版面,文字在这里只是起点缀的作用,文字作为相应的解说镶嵌其中(该版面电子版详见光盘)。

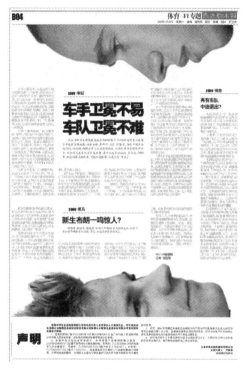

图 4-33　2009 年 3 月 28 日《南方都市报》B04 版

图 4-34　2013 年 12 月 23 日《新快报》T01 版

以 2013 年 12 月 23 日《新快报》娱乐特刊(如图 4-34 所示)为例,分析文字嵌入的编辑步骤(该版面练习素材详见光盘)。

① 把图片排到版面上,并大致安排好位置,因为主图背景为黑色,标题选用白色会更加

显眼,同时可通过改变颜色及字体的参数加以突出"2013",色彩之间的搭配会让整个版面活泼起来,如图 4-35 所示。

图 4-35　改变标题颜色及字体

② 由于本版图片的挖空部分是一个"T 台"的形状,本身就具有视觉停留的吸引力,且在编排时也不会显得比较呆板,整个空间的感觉十分强烈,因此可以在文字内容上着重表现,通过改变文本框的形状以适应梯形的效果,改变想要着重突出的文字内容的字号及颜色,让画面整体富有层次感,如图 4-36 所示。

图 4-36　改变文本框形状以适应图片中梯形的效果

③ 图片中的部分留白给人想象的空间,同时也给画面留有余地而不至于文字太多给人拥挤散乱之感。这种图片的"留白"处理是图片新闻在编辑过程中经常采用的方法。

●●●●● **五、实验注意事项** ●●●●●

新闻图片的编排应该处理好以下几个关系：

1. 处理好图片的真实性与艺术性。图片在编辑时要注意尊重事实，不可随意剪切，造成事实的缺失。由于这种事实的缺失在传播过程中会给读者带来误读，因此要处理好图片的真实性问题。图片的艺术性同样也不可忽视。图片作为一种视觉语言，是一种平面艺术，对读者有美的诉求，一味追求真实性，而忽略图片美，容易让读者反感，削弱传播的效果。因此要处理好图片真实性和艺术性的关系，不要有所偏颇。

2. 处理好图片的疏与密的关系。无论是黑白图片还是彩色图片，其色调都比文字要重得多。因此，在对图片进行编辑的过程中，一定要加大图与图之间的距离，以达到调剂图片浓重色调的目的，使版面疏密适度、浓淡协调，给人神清气爽的感觉。

3. 处理好统一和变化的关系。新闻图片版面包括多幅图片，这些图片如果编排不当，会过于分散各自为战，难以形成一个和谐统一的整体。因此，编辑在编排图片版面的时候，一定要注意以版面的中部即版心位置为核心，版面四周的图片在编排上力争冲着版心，从而形成一种向心力。一般说来，人物的脸应该朝着版面的内部，俯视的图片要放在版面的上方，仰视的图片要放在版面下方，等等。除了统一之外，新闻图片的编排还要适当追求变化，这就涉及图片横与竖的关系。一个新闻图片专版，绝大多数情况都有横图和竖图，某些时候为服务于版面内容的需要，还可以有圆形、扇形等其他形状甚至不规则形状的图片，以增强版面图片的变化。

●●●●● **六、实验记录方式** ●●●●●

1. 保存文件。选择"文件/存文件"选项，或者使用快捷键"Ctrl＋S"，或者单击图标"■"，弹出"另存为"对话框，输入文件名（报社为方便辨认文件，其文件名一般会使用"日期＋版面名称"的格式），其他设置保持默认值，单击"保存"完成步骤。

2. 若想将.FIT 文件保存为.JPG 格式图片，操作方法分三步：

（1）选择"文件/部分发排"选项，弹出"部分发排"对话框，保存类型选择"EPS Files(＊.EPS)"，在下面勾选"生成 Tiff 预显图"，图像格式点选"24 位"，单击"保存"。

（2）打开 Photoshop 软件，选择"文件/打开为"，或使用快捷键"Alt＋Shift＋Ctrl＋O"，选择所保存的.EPS 文件，在下方"打开为"内选择"EPS TIFF 预览"，单击"打开"，即可打开EPS 文件。

（3）选择"文件/保存为"选项，或使用快捷键"Ctrl＋S"，弹出"保存为"对话框，选择所需的文件格式，单击"保存"即可。

●●●●● **七、实验讨论与评价** ●●●●●

1. 图片编辑与稿件编辑发生冲突时，应该如何处理？

2. 以国外主要大报的优秀版面为例，分析图片的编辑在版面设计中的重要角色。

●●●●● 八、实验报告 ●●●●●

1. 提交实验中生成的文件。
2. 完成实验中所讨论的问题。

●●●● 九、实验思考与练习 ●●●●

1. 分析图 4-37 版面的设计特点以及图片编辑类型（该版面电子版详见光盘）。

图 4-37　2013 年 10 月 28 日《新快报》BII12 版

2. 图 4-38 是 2014 年 1 月 15 日《广州日报》A22 版的版面，请根据本章学过的知识模仿这个版面编辑一个新版面（该版面电子版详见光盘）。

图 4-38　2014 年 1 月 15 日《广州日报》A22 版

参考文献：

［1］甘险峰. 新闻图片与报纸编辑［M］. 福州：福建人民出版社，2008.

［2］蔡雯. 新闻编辑学［M］. 北京：中国人民大学出版社，2006.

实验五　时政新闻版面编辑

●　●　●　●　●　一、实验目的　●　●　●　●　●

综合运用排版编辑技能，能够独立、灵活地运用方正飞腾排版系统的各项功能，深入了解报纸时政新闻版面的编辑风格和技巧，掌握区分国内新闻与国际新闻的不同编排特点，并在此基础上进行创新，使版面风格紧跟时代审美情趣。

●　●　●　●　●　二、实验要求　●　●　●　●　●

1. 熟悉方正飞腾排版系统的排版界面，了解菜单栏、工具条和工具箱各命令的用途，会运用该软件进行简单操作。

2. 了解并掌握时政新闻版面的编排风格及特色。

●　●　●　●　三、实验器材　●　●　●　●

1. Windows98/2000/ME/NT/XP 中文版操作系统。
2. 方正飞腾排版系统 FIT4.0。
3. Photoshop、CorelDRAW 或 Illustrator 等专业图片处理软件。

●　●　●　●　●　四、实验方法与步骤　●　●　●　●

时政新闻，也称时事政治新闻，是对有关党政最新方针政策、重要外事活动、重要会议、主要领导人的政务活动、重大事件等的报道。在对时政新闻的编辑中，有关国内新闻与国际新闻的编排原则也有所不同。国内新闻的编辑需要坚持如下六个原则：以正确舆论导向为本的原则，紧跟中心工作的原则，把握好新闻宣传主动权的原则，时效性强的原则，贴近实际、生活、群众的原则和"长话短说"的原则。

而伴随中国加入世贸组织，市场和受众对国际新闻的需求愈发强烈，坚持国际新闻的本地化视野是国际新闻版面不变的编辑思路。其主要思路体现为以下几点。

第一，编稿思路方面。多问"中国在这个问题上是什么立场"，经过全面冷静的分析后发出自己的声音；增强服务意识，使国际报道为国内改革、开放和建设服务；借鉴"他山之石"，为我国的经济建设和社会发展服务。

第二，标题拟定方面。在理解了报道的全文内容之后，采用画龙点睛的手法提炼出与我国价值观一致的标题。

第三,稿件配置方面。稿件体裁尽可能多样化。针对新闻事件配发时评和随笔,有利于扩展国际报道的深度与广度,图表和漫画则有利于活泼版面。

本实验将从国内新闻与国际新闻两方面入手,讲解时政新闻版面的主要编辑步骤。

(一)国内时政新闻版面的编辑步骤

以《南方日报》2013年12月25日的A01时政要闻版(如图5-1)为例,说明此版面的主要编辑步骤(该版面电子版及练习素材详见光盘)。

图 5-1　2013 年 12 月 25 日《南方日报》A01 版

1. 版心的设置

新建一个方正飞腾的工程文件,设置版面参数如下。

版面:Custom;版心:350mm×570mm("瘦长型"的新4开报纸规格);调整页面大小:自动调整版心大小;上下左右页边空:13mm;版心字体号:小5号报宋;栏数:5栏;栏间距:2字;栏宽:17字,并选中栏宽相等;行数:143行;行距:0.25字。

注:本版面画版编辑图详见光盘画版文件夹图1。

具体操作步骤如下。

(1)设置页面大小

选择"文件/新建"选项或使用快捷键"Ctrl＋N",弹出"版面设置"对话框,页面大小选4k。

（2）设置边空版心

单击"设置边空版心"按钮，弹出"设置边空版心"对话框，"调整页面大小"一栏默认为"自动调整页面大小"，将"版心大小"一栏设为 $350 \times 570 \text{mm}^2$，上下左右的"页边空"设为13mm，"栏数"设为 5，勾选"栏宽相等"选项，将"栏宽"设为 17 字，"栏间距"设为 2 字，"行数"设为 143，"行距"设为 0.25 字，单击"确定"，完成边空和版心的参数设置。

（3）设置版心字号

单击"版心及背景格字号"按钮，弹出"改变字号"对话框，字号设置为 5 号，单击"确定"，完成字号设置。

（4）进入排版界面

单击"版面设置"的"确定"按钮，进入排版界面。

2. 编辑报眉

报眉是内页版面上用来标明报纸名称、出版时间、版次、版面名称、版面编辑及美术编辑姓名的位置。报眉一般放在版心的上方，做成通栏，便于读者检索。一般来说，报眉是经设计后固定下来的格式，大小及比例都是有规定的，因此不能随意更改。

本版报眉的编辑步骤具体如下：

（1）画出版线

将光标移至标尺栏往下拉，在报头下方拉出参考线，单击工具箱中的画线工具"╲"，在参考线处画一条通栏版线。选择"美工/线型"选项，弹出"线型"对话框，把粗细设置为 0.7字，单击"确定"，如图 5-2 所示，完成线型参数设置。

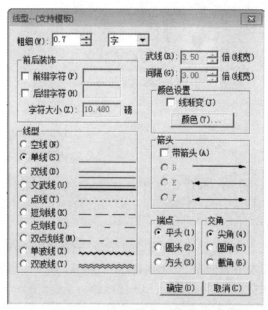

图 5-2　设置通栏版线的线型参数

再选择"美工/颜色"，在下拉菜单中选中"蓝色"，如图 5-3 所示，将版线设为蓝色。

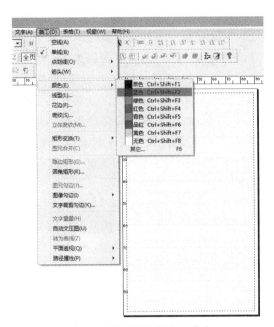

图 5-3　设置版线颜色为蓝色

（2）排入《南方日报》报头标志

选择"文件/排入图像"选项，或者单击工具条中的排入图像工具"圆"，或者使用快捷键"Ctrl＋Shift＋D"，弹出"图像排版"对话框，选中所需图片，单击"排版"按钮，将图片排入相应的位置。然后在右上角编辑日期、报业集团标志及网站等资料，并设置日期参数，如图 5-4 所示。

图 5-4　排入《南方日报》报头标志

3．划分广告位

在时政新闻头版，广告刊登的位置主要是报眼、底边、头版的左右下角，以及下半版内的不固定位置。在本版面中，仅在报眼处有一个广告，大小是 70mm×25 mm，位置如图 5-5 所示。

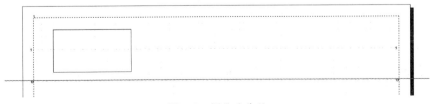

图 5-5　划分广告位

4. 编排头条新闻

时政版一般也是要闻版,主要刊登国内外新近发生的重要新闻。在版面的设计上,要确定稿件的头条、次要稿件等;在稿件的配置上,注重协调头条、重点稿件和非重点稿件三者之间的关系。多数情况下,版面头条应放在版面最突出的部分,除了标题要做大,还应考虑配发的图片和相关资料等,要能表现视觉中心点并稳住版面重心。在进行编排时,关键在于把握编排思想,以凸显时政新闻版面的高雅大气及简洁严谨的风格。

本版的头条新闻是对中央农村工作会议上关于粮食安全政策的解读,在版面有限的情况下,以链接的形式在 A04 版面上对这一主题作补充报道,以长稿转版的方式,使头版得到充分的利用,增加头版的信息量。

(1)标题的编辑

对于头版头条的新闻来说,标题是编辑在进行稿件编排时要重点包装的内容,简明扼要和信息含量丰富是其编辑的基本准则。

标题的编辑步骤具体如下。

利用工具箱中的文字工具"T",选中文章标题,然后使用快捷键"Ctrl＋X",或者单击工具条的裁剪工具"✂",再使用快捷键"Ctrl＋V",或者单击工具条中的粘贴工具"📋",将标题提取出来进行独立编辑;粮食安全问题是事关民生的大事,为凸显其重要性,编辑可将标题字号加大;通过使用工具箱中的文字工具"T",选中标题后单击"文字/字体号"选项,或者使用快捷键"Ctrl＋F",设置主题与副题的字号、字体;对于时政版面来说,头条标题的字数若在 7 个字以上时字号一般不得大于 63 磅,7 个字以下才可以用到 72 磅,最终效果如图 5-6 所示。

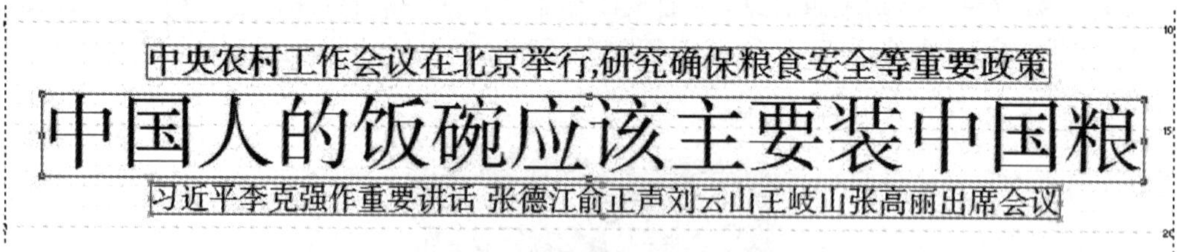

中央农村工作会议在北京举行,研究确保粮食安全等重要政策
中国人的饭碗应该主要装中国粮
习近平李克强作重要讲话 张德江俞正声刘云山王岐山张高丽出席会议

图 5-6　编辑标题

注:第一,时政版的标题一般位于文上齐左或者图上齐右的位置。

第二,副题、引题、眉题、肩题一律用书宋,且一篇文章的主题与副题、引题、眉题、肩题的字号大小至少要拉开 2 级,最大不超过 6 级。

(2)图片的编排

在版面元素中,图片是最具视觉冲击力的。图片选取的好坏、典型与否直接影响受众的关注度,而且那些在整体上能引导读者理解报道内容的图片往往具有较大的新闻价值、良好的社会效果,也使时政新闻更直观、立体,使整个新闻版面"活"起来。

图片编排的步骤为:选择"文件/排入图像"选项,或者使用快捷键"Ctrl＋Shift＋D",或者通过单击工具条中的排入图像工具"🖼";在弹出"图像排版"对话框中,选中所需图片,单击"排版"选项后再单击鼠标,将图片排入相应的位置。

(3)正文的编排

编排正文内容时,通过调整文本框的大小,使稿件的编排整齐美观。在刚排入文字时,一般显示为一栏。根据新闻稿件的内容及图片位置,此文本应分 3 栏表示,受版面大小影响,排不下的文本内容可以通过提示的方式在另一版面内进行再编排。

进行分栏编排的方法有两种。第一种:通过选择菜单栏上的"版面/分栏"选项,在下拉菜单中选择"分 3 栏"选项,如图 5-7 所示;第二种:使用自定义分栏,选择菜单栏上的"版式/分栏"选项,在下拉菜单中选择"自定义分栏",或者使用快捷键"Ctrl+B",弹出"分栏"对话框,设置分栏数为 3,栏间距为 2,最后单击"确定"即可,如图 5-8 所示。

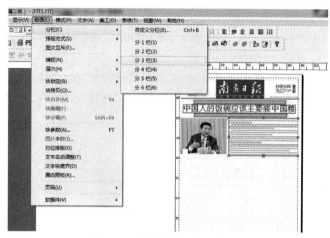

图 5-7 "分栏"选项操作步骤

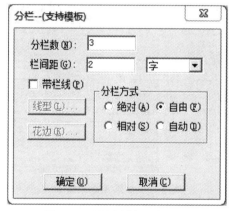

图 5-8 设置分栏数及栏间距

注:第一,排入的文字应为.txt 文件。

第二,本报讯、电头、转版注脚、作者署名用黑体,如图 5-9、图 5-10 所示。

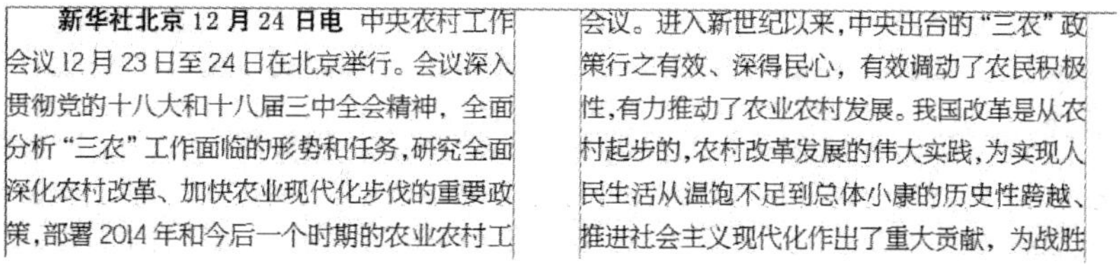

新华社北京 12 月 24 日电 中央农村工作会议 12 月 23 日至 24 日在北京举行。会议深入贯彻党的十八大和十八届三中全会精神,全面分析"三农"工作面临的形势和任务,研究全面深化农村改革、加快农业现代化步伐的重要政策,部署 2014 年和今后一个时期的农业农村工作。进入新世纪以来,中央出台的"三农"政策行之有效、深得民心,有效调动了农民积极性,有力推动了农业农村发展。我国改革是从农村起步的,农村改革发展的伟大实践,为实现人民生活从温饱不足到总体小康的历史性跨越、推进社会主义现代化作出了重大贡献,为战胜

图 5-9 电头

国家粮食安全责任。善于用好两个市场、两种资源,适当增加进口和加快农业走出去步伐,把握好进口规模和节奏。高度重视节约粮食,节约粮食要从娃娃抓起,从餐桌抓起,让节约粮食在全社会蔚然成风。

下转 A04 版 ▶

图 5-10　转版注脚

第三,《南方日报》时政版正文的基本规范:一律横行文,标准字号小 5 号,正文基本字体为报宋,字体颜色为黑色,字体严禁变宽、变斜、变窄,行距 0.25 字,字距为 0,行距不能做任何微调,字距可微调。

本版头条的最终效果如图 5-11 所示。

图 5-11　版面头条效果图

5. 编排次要稿件

一般来说,读者阅读时政新闻的目的,是尽可能地多获取有关国内外最新的一些信息,因此,想方设法加大信息量,把新近发生的重要新闻尽可能多地呈现在读者面前是要编辑下足"功夫"的。这里就涉及稿件的栏目设置及篇幅大小的问题,所以,在编发时政新闻时,应注意栏目的区分,对一些可读性不强的政经消息,坚持"短、重"的原则,即短篇幅、重含量,把精华概括成段展示给读者。利用这种思维,将较次要的新闻进行组合,统一其编排方式,这样即使各自的版面空间不大,也能形成整体并吸引读者。

6. 修整版面

为达到整体的审美效果,要对版面进行细节部分的修整,如版面图片的位置是否合宜、各文字块有没有对齐、字体字号是否正确以及线框线条的粗细等,这些都能影响报纸版面的整体效果。因此,对整个版面进行修整显得尤为重要。

(二)国际新闻版面的编辑步骤

以 2014 年 1 月 8 日《羊城晚报》A19G 版(如图 5-12)为例,分析此版面的主要编辑步骤(该版面电子版及练习素材详见光盘)。

图 5-12　2014 年 1 月 8 日《羊城晚报》A19 版

1.《旧金山纵火案嫌疑人首次出庭》篇的编辑

该报道是中国驻旧金山总领事馆被纵火案的最新追踪报道,讲述了案件嫌疑人的作案及自首经过并对作案动机进行多方调查。在版式编排上属于横排的形式,处于左上角最强势位置,重要性不言而喻,且文字部分与象征着威严的领事馆与发言人的图片相配,既形成一种视觉平衡,又起到相互烘托主题的作用。

版式设计遵循"形式服从内容"的原则,优秀的新闻图片还可起到烘托主题、渲染情绪、画龙点睛的作用,让图片中隐藏的"言语"信息呼之欲出。国际新闻标题的拟定也应与我国的利益、价值观相一致,力求通过简明扼要的表述带出全面的新闻信息。

本篇编排的具体步骤如下。

(1)编辑标题

利用工具箱中的文字工具"T",选中文章标题,然后使用快捷键"Ctrl＋X",或者单击工具条的裁剪工具"✂",再使用快捷键"Ctrl＋V",或者单击工具条中的粘贴工具"📋",将标题提取出来进行独立编辑,设置完成主标与副标的字体、字号后单击工具条中的左对齐"▤",标题就均被设置在了左边。

(2)安置好图片位置

选择"文件/排入图像"选项,或者使用快捷键"Ctrl＋Shift＋D",或者通过单击工具条中的排入图像工具"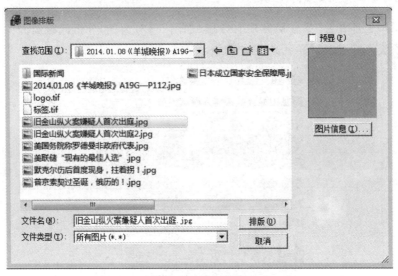"，在弹出的"图像排版"对话框中，选中所需图片，单击"排版"选项后再单击鼠标，将图片排入相应的位置，如图 5-13 所示。

图 5-13　排入图像

（3）排入相对应的稿件

利用工具箱中的文字工具"T"先将全文导语编排在图片下方版面的最左边，再通过选择"文件/排入文字"选项，或者使用快捷键"Ctrl＋Shift＋D"，或者单击工具条的排入文字工具"囻"，弹出"排入文字"对话框，选中所需文章，在左下角点选"换行"，单击"排版"按钮，排入文字，调整文本框的大小，即可将所有文字排入，完成后得到如图 5-14 所示的效果。

图 5-14　排入文字

2.《默克尔伤后首度现身，拄着拐！》与《普京索契过圣诞，俄历的》篇的编辑

两篇报道的对象均为两国的重要人物，且标题形式相互一致并均配有图片补充说明，因

此,组合编排在一起能够反映、加强版面元素间的内在关联性,所占有的较大版面也足够在第一时间吸引受众的目光,如图 5-15 所示。

图 5-15　组合编排稿件以加强版面元素的内在关联性

图片新闻本身即运用大量的图片来丰富版面内容,为使版面看起来更具层次感与特点,通常也会用一些色块或边框来进行修饰。

（1）设计色块

选择工具箱中的多边形工具"⬚",在版面某一位置点击左键以确定色块四边形的第一个节点;在确定了其他三个节点的位置后,返回第一个节点处单击左键结束作图。若所画图形需要修改,可利用工具"▨"选中节点并进行位置调整,随后修改图形底纹参数设置,将颜色设为黄色即与新闻图片的主色调相一致,放置好文字部分,效果如图 5-16 所示。

图 5-16　设计色块并添加文字

（2）制作边框

首先选取工具箱中的矩形工具"⬚",画出一个矩形,单击鼠标右键选择"线型"选项,将粗细设为 0.75 字,然后选择"美工/颜色",将颜色设成灰色,单击"确定"按钮完成设置,调整矩形边框与文字和图片的位置,如图 5-17 至图 5-19 所示。

图 5-17　设置矩形边框的线型

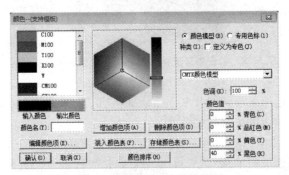

图 5-18　设置矩形边框的颜色

图 5-19　调整矩形边框与文字和图片的位置

（3）图标设置

运用图片处理软件绘制出"对话框"形状的图形,选择"文件/排入图像"选项,或者单击工具条的排入图像工具"圈",或者使用快捷键"Ctrl＋Shift＋D",弹出"图像排版"的对话框,选中所需文件，单击"排版按钮"，将图片排入相应的位置。

　　单击文字工具"**T**"，输入"图说新闻"文字，选择"文字/字体号"选项，或者使用快捷键"Ctrl＋F"，设置字号和字体，单击"确定"并调整文字与"对话框"的位置，如图5-20所示。整体效果如图5-21所示。

图 5-20　设置图标

图 5-21　版面效果图

　　3.《日本成立国家安全保障局》篇的编辑

　　该篇稿件以竖式版面编排，叙述日本成立国家安全保障局及任命安保局局长的事件，引用外媒报道剖析了安保局成立的深层次原因，充分体现了"国际新闻的本地化视野"这一国际新闻的编辑要点，不仅丰富了版面体裁的多样性，也与右侧直列式排版相呼应。

　　4.《美联储迎来首位女掌门》及相关报道的编辑

　　该则新闻的标题与下方另一则新闻的标题《美联储"现有的最佳人选"》呼应，对题，对字，版面更对形，为同一主题的组合式报道，都属于竖式编排的形式，所选取的新闻图片也可同时针对两篇新闻稿件中的事件进行强调，提供相关补充信息，帮助读者理解新闻稿件的内容。因此，在编排时可作为一个整体部分考虑，具体编排步骤如下。

（1）排入文字

通过选择菜单栏上的"版面/分栏"选项，在下拉菜单中选择"分2栏"选项，单击"确定"按钮。

（2）调整第二栏的长度

在编排《美联储迎来首位女掌门》正文内容时，只需通过调整文本框的大小使稿件的编排整齐美观即可；对另一则新闻《美联储"现有的最佳人选"》的文字进行分栏后，通过调整文字块第二栏的长度为放置图片留下适当的空间，再选中文字块，使用快捷键"Shift"并拖动文字框节点，即可缩短第二栏的长度，使版面整齐一致。

（3）图文相关

将图片放置于适当位置后，同时选中文字块与图像，选择"版面/图文互斥"选项，弹出"图文互斥"对话框后，选中"图文相关"按钮，如图 5-22 所示。得到最终效果，如图 5-23 所示。

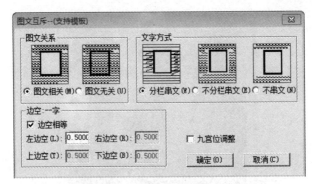

图 5-22　设置"图文相关"选项

图5-23　版面效果图

5.《美国务院称罗德曼非政府代表》篇的编辑

这篇稿件的编排无论在标题的处理上,还是在图片的使用上,都呈现出标准的模块化特征,这使版面稿件的正文、标题与图片在布局上相互一致。在导入文字块后,选择单击"版式"菜单中的"分栏",在弹出的对话框中将栏数设定为2栏,依据版面高度调整栏高,如图5-24所示。

图5-24 导入文字块后进行分栏设置

从形式上看,该版面在标题设计、配图以及版式视觉方向上均独具匠心,从而大大增强了版面的眼球价值;从内容上看,稿件风格多样,严肃与活泼兼具,同时涉及广泛,在重大问题上也表现出媒体对观点平衡性的把握,并体现出鲜明的中国视角和中国立场,传达出报纸自身对某些问题的认识,从而建立起属于自己报纸的"话语权威"。此外,国际新闻报道因稿件来源渠道趋同,定位接近,因此较易产生报道的同质化。这时便需要编辑扩大选题的视角范围,加强新闻资源整合。只有这样,才能显示出报道的特色,既凸显深度,又能有效地避免了相关报道的同质化。

●●●● 五、实验注意事项 ●●●●

1. 头条是整个版面的"眼睛",只有把这个"眼睛"做大、做细、做透,才能带动整个版面。在编排头条新闻时除了运用字体、字号、线条等版式手段增加视觉冲击力,更重要的是要增加头条新闻的容量,提高头条新闻的可读性和服务性。

2. 在选择时政版面的图片时,要考虑到政治、道德等立场和观点,看它是否包括历史、政治、文化以及社会等方面的意义。时政版面的图片要有思想深度,要准确理解并向读者"翻译"新闻事件。选取的图片要有较强的冲击力和表现力,能够直观表达出时政新闻的相关内容。

3. 国际新闻版面的编辑应具备全局意识,即通观全局,掌控正确的舆论导向。国际新闻版对舆论有很强的导向性,读者往往是根据媒体新闻的报道来了解当前的国际形势、国家关系、政策走向等,因此,编辑应从政治层面和人性层面来考虑如何编辑国际新闻。

4. 拓宽国际新闻的报道面。编辑如果在稿件的选取上固守国际政治、军事、外交等几部分内容,则容易造成报道面狭窄。冷战结束后,国际社会发生了巨大的改变,经济和科技已成为人们越来越关注的内容。因此,编辑同样应具有为读者服务的意识,在国际新闻版面中加入经济、科技等内容,增强报道的广度。

●●●●● 六、实验记录方式 ●●●●●

1. 保存文件。选择“文件/存文件”选项,或者使用快捷键“Ctrl＋S”,或者单击图标“🖫”,弹出“另存为”对话框,输入文件名(报社为方便辨认文件,其文件名一般会使用“日期＋版面名称”的格式),其他设置保持默认值,单击“保存”完成步骤。

2. 若想将.FIT 文件保存为.JPG 格式图片,操作方法分三步:

(1) 选择“文件/部分发排”选项,弹出“部分发排”对话框,保存类型选择“EPS Files(＊ . EPS)”,在下面勾选“生成 Tiff 预显图”,图像格式点选“24 位”,单击“保存”。

(2) 打开 Photoshop 软件,选择“文件/打开为”,或使用快捷键“Alt＋Shift＋Ctrl＋O”,选择所保存的.EPS 文件,在下方“打开为”内选择“EPS TIFF 预览”,单击“打开”,即可打开EPS 文件。

(3) 选择“文件/保存为”选项,或使用快捷键“Ctrl＋S”,弹出“保存为”对话框,选择所需的文件格式,单击“保存”即可。

●●●●● 七、实验讨论与评价 ●●●●●

1. 如何处理时政版面中严谨性与活泼性之间的关系?

2. 对不同报纸的时政版面中有关同一主题报道的版面编排进行比较分析,指出各自的优点与不足,并提出改进的建议。

3. 国际新闻版面在编排操作上首要考虑什么因素? 如何体现这个因素?

●●●●● 八、实验报告 ●●●●●

1. 提交实验中生成的文件。

2. 完成实验中所讨论的问题。

●●●● 九、实验思考与练习 ●●●●

1. 请利用本实验中所学的知识，尝试重现 2014 年 1 月 13 日《广州日报》A01 版，如图 5-25（该版面电子版详见光盘）。

图 5-25　2014 年 1 月 13 日《广州日报》头版

2. 比较下面三份报纸版面（图 5-26、图 5-27 和图 5-28）与本实验中《羊城晚报》的国际新闻版在编辑风格上的共性与个性（该版面电子版详见光盘）。

图 5-26　2014 年 1 月 5 日《新京报》A16 版

图 5-27　2014 年 1 月 2 日《广州日报》A10 版

图 5-28　2014 年 1 月 9 日《南方日报》A13 版

参考文献：

［1］蔡雯.新闻编辑学［M］.北京：中国人民大学出版社，2006.

［2］甘险锋.新闻图片与报纸编辑［M］.福州：福建人民出版社，2008.

［3］《南方日报》版式标准细则（2004 改进版）.

［4］韩松，黄燕.当代报刊编辑艺术［M］.上海：复旦大学出版社，2006.

［5］张洪伟.国际新闻编辑应具备三种意识［J］.青年记者，2007（9 月下）.

实验六　财经新闻版面编辑

●●●●● 一、实验目的 ●●●●●

综合运用排版编辑的技能,深入了解经济全球化时代报纸财经新闻的编辑风格和技巧,并在此基础上进行创新。

●●●● 二、实验要求 ●●●●

理解财经新闻版面的版式设计风格,体会财经新闻版面的编辑如何做到既兼顾财经新闻的专业性,又满足读者的信息需要。

●●●● 三、实验器材 ●●●●

1. Windows98/2000/ME/NT/XP 中文版操作系统。
2. 方正飞腾排版系统 FIT4.0。
3. Photoshop、CorelDRAW 或 Illustrator 等专业图片处理软件。

●●●● 四、实验方法与步骤 ●●●●

财经新闻是市场经济发展的产物,它着眼于市场经济中各种主体行为及彼此间的关系和博弈,重视对新闻事件进行深入剖析和趋势判断,力图为受众展示经济生活中方方面面的联系。财经新闻的报道对象涵盖政经、业界(公司)报道、资本、金融领域等。随着经济全球化趋势的增强,与社会经济生活密切联系的读者对财经新闻的质量要求也日益提升,为适应此需求,财经新闻的编辑呈现出以下特征和趋势。

第一,版式设计上,呈杂志化趋势,但前提是以新闻的深度、广度和权威性以及观点的前瞻性为主导;颜色配置则以简洁明快、质朴冷静、理性严谨为目的;强化"导读"功能亦是凸显财经新闻版面编排"亲和力"之举。

第二,图片配置上,财经新闻采用以人物为主角的新闻图片,这样有利于软化财经新闻。近几年,数据图表或表格也越来越多地出现在财经新闻的版面中。

第三,报道形式和内容上,通过提供背景、讲故事、人物特写等手法,把财经事件与读者的生活联系起来,降低财经新闻的"艰涩度"。

本实验将以 2008 年 11 月 6 日《21 世纪经济报道》的头版(如图 6-1 所示,该版面电子版详见光盘)及 2014 年 1 月 6 日《21 世纪经济报道》的头版(如图 6-2 所示,该版面电子版详见光盘)为例,分别剖析财经新闻版面的主要编辑步骤及财经新闻版面中导读和图表的主要编辑步骤。

图 6-1　2008 年 11 月 6 日《21 世纪经济报道》头版

图 6-2　2014 年 1 月 6 日《21 世纪经济报道》头版

（一）财经新闻版面的编辑

首先以 2008 年 11 月 6 日《21 世纪经济报道》的头版为例,讲解财经新闻版面的主要编辑步骤(该版面练习素材详见光盘)。

1. 头条的编辑

头版头条的形式包装主要体现为标题的长度与句式,以及图文的编排。

财经类报刊的头版头条如能提供与报道内容、主题相关的具有解释性、背景性的材料,读者在阅读新闻的同时又增长了知识，实现了财经新闻报道的信息价值和实用价值。

本版主图与头条、特稿的搭配，显得舒朗大气、极富视觉冲击力。头条从纵深的角度，分析了奥巴马上台后面临的"内忧外患"，透视了经济刺激方案及其面临的挑战；特稿则以讲故事的手法，讲述了奥巴马的人生经历和政治生涯。头条与特稿的组合配置，有助于受众通过人物背景来加深对"奥巴马经济学"的理解，两者相得益彰。

由此，原本宏观的经济趋势经由故事化讲述和微观视角切入，弥补了财经新闻报道可读性较弱的特点，也增强了其实用性。另外，编辑敏锐地抓住奥巴马上任及其开启的经济新时代这一视角进行报道，也体现财经新闻对宏观经济趋势的重视和反映。

本版头条的编辑主要包括以下几个步骤。

（1）图像的前期处理

先利用 Photoshop 等图片处理软件，对本版的主图进行相关处理。其间，可利用橡皮擦工具将人像周边涂抹为白色。

（2）"热门班底"的制作

以拜登头像为例。绘制一个椭圆形，将其拖到需被裁剪的拜登图像上。选择"美工"菜单中"路径属性"下的"裁剪路径"，得到如图 6-3 所示的状态。

图 6-3　选择"裁剪路径"选项

按住"Shift"键，同时选中椭圆形和拜登图像，选择"版面/块合并"选项，被裁剪的对象只有裁剪路径中的那部分会显示出来。选用工具箱中的图像裁剪工具"　"，在裁剪路径中拖动，裁剪工具会变成手形，此时可选择对象的最佳裁剪区域，如图 6-4 所示。

图 6-4　选择图片最佳裁剪区域

（3）制作勾边文字

选中文字，选用"文字/变体字"选项，如图 6-5 所示。在勾边选项框里打钩，设置勾边宽度，如图 6-6 所示。最后将字体颜色改为白色即可，如图 6-7 所示。

图 6-5　选择"变体字"选项

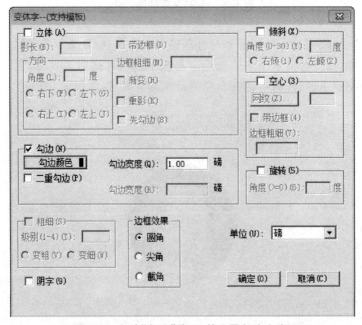

图 6-6　勾选"勾边"选项，并设置勾边宽度

图 6-7　设置字体颜色为白色

其他热门班底的头像及其周边文字制作方法与此相同,效果图如图 6-8 所示。

图 6-8　热门班底头像及周边文字效果图

　　该图将热门班底的人员肖像环绕于奥巴马近照的四周,感官上象征思维的发散,与配稿主旨——"猜想"相呼应。编辑选取此张以奥巴马为主体的图片,便于捕捉财经事件中新闻人物的思维、观念和心态的变化,更容易引起受众思想感情的共鸣,同时也有效地对财经新闻进行了"软化"。

　　由于财经新闻的抽象性和专业性,财经新闻更需要形象生动的摄影图片辅助其报道。因此,新闻摄影图片同样可以成为财经新闻信息传播的有效载体。而选取以人物为主体的新闻图片,不仅有助于深化图片的内涵,还能提高财经新闻版面的感染力。本版头条的图片选择便是一个典型。

（4）为主图加白色椭圆底纹

此举旨在为接下来的图文相关作准备。选择工具箱中的画椭圆形工具"○"，画出椭圆形，如图 6-9 所示。

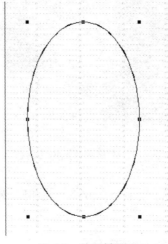

图 6-9　绘制椭圆形

椭圆形的大小可依据主图的大小进行调整，使其直径大小接近于主图的高度，如图 6-10 所示。

图 6-10　调整椭圆形的大小

选择工具栏中的旋转与变倍工具"✂"，再选中椭圆形，并双击它，则可将变倍功能转换为旋转功能，此时可以依主图的弧度进行调整，如图 6-11 所示。

图 6-11　旋转椭圆形,改变垂直角度

选中椭圆形,选择"美工/底纹"选项,在弹出的对话框中将颜色设置为白色,如图 6-12 所示。然后选择"美工/空线"选项,再选中椭圆形,单击右键,选择"到后面"即能为主图添加白色椭圆底纹。

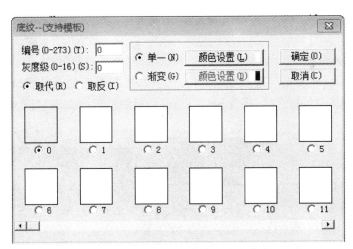

图 6-12　椭圆形底纹颜色设置为白色

（5）图文相关

将图片和椭圆形进行块合并,选择"版面/图文互斥"选项,弹出"图文互斥"对话框,如图 6-13 所示。选中图文相关的单选按钮。在边空的各编辑框中输入边空上下左右的数值,效果如图 6-14 所示。

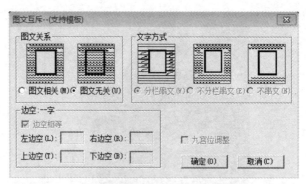

图 6-13　将图片和椭圆形进行块合并,设置为"图文无关"

图 6-14　效果图

2. 头条标题的制作

头条标题是编辑需要进行重点包装的内容之一,头条标题的制作要做到简明扼要且蕴涵丰富的信息量,其中包括字体、字号、颜色的选择,标题的长度设定,标点的使用,以及提要题等的设计等。

提要题是提示新闻要点的文字,一般用在内容较重要、篇幅较长的新闻中,可以帮助受众快速了解新闻的实质,是直接抓住受众和吸引受众注意力的捷径。

头条标题的制作主要有以下几个步骤:单击工具箱中的文字工具"T",选中文章标题,单击鼠标右键,选择"裁剪",再单击鼠标右键,选择"粘贴",将主标题和提要题裁剪出来独立编辑,将标题改为适当的字体和字号;主标题拟定为《"奥巴马经济学"猜想》,简明扼要,该标题属虚标题,巧用"猜想"一词,既对新上任的奥巴马所可能采取的经济政策作有事实根据的预测和解读,同时也容易激发读者的好奇心和阅读兴趣;编辑将主标题的字体设置为方正大黑,并选用较大的字号,在凸显头条重要性的同时也保持了版面风格的统一;为便于受众阅读和快速获取重要信息,编辑还提取了相关数据等关键信息作为提要题,将提要题置于主标右侧,易获得读者关注,吸引读者阅读正文,如图6-15 所示,最终效果如图 6-16 所示。

图 6-15　制作头条标题

图 6-16　版面头条效果图

3. 横通导读区的编辑

"导读"起到了联系封面版与其他版面的作用,增加了封面版的纵深和厚度。导读标题的字数大都一致或相近,且言简意赅。采用导读大大增加了封面版的信息量。

《21世纪经济报道》将报头作为横通的导读区,有利于快速吸引读者的注意力,方便读者阅读,符合目标群体的阅读需求。通过字体、字号的设计和区分来凸显重要信息;底纹颜色配置上,通过湖蓝、绿色、灰色三种冷色调的运用来显示报纸冷静、务实的理性色彩。该横通导读区的制作步骤如下。

（1）画出矩形

选择工具箱中的画矩形工具"□",依据导读区宽度三等分后的大小数值画出矩形,并置于适当位置,如图6-17所示。

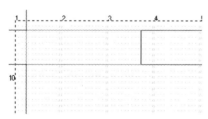

图 6-17　绘制矩形

（2）添加底纹

选中矩形图,选择"美工/底纹"选项,弹出"底纹"对话框,选择图示"1",单击"颜色设置"按钮,弹出"管理颜色"对话框,拖动矩形条,或直接输入颜色数值,设定底纹颜色为湖蓝色，如图 6-18。选择"美工/空线"选项，则可去除轮廓线。

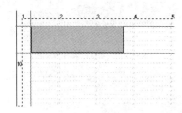

图 6-18　将矩形底纹颜色设置为湖蓝色

（3）添加文字

导入文字块后，选择"文字/改字体"选项，将标题导读文字的字体设置为"方正大黑_GBK"，如图 6-19 所示。提要性文字设置为"方正黑体"，版数字号略小于提要标题，效果如图 6-20 所示。

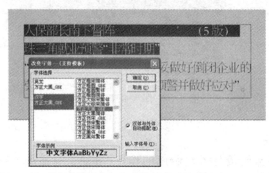

图 6-19　将标题导读文字字体设置为"方正大黑_GBK"

图 6-20　将提要性文字字体设置为"方正黑体"

（4）中间导读区的制作

利用 Photoshop 软件，通过磁性套索、添加羽化效果等功能将钢管所属的原图片进行处理，然后放置到已添加了绿色背景的矩形图上，并保存为 tif 格式的图片文件。在飞腾软件中导入已处理的图片，依据相关数值，运用工具箱中的裁剪工具" 🔳 "进行裁剪，如图 6-21 所示。导入文字块，字体设置同上。将字体颜色设置为白色，既可增强与周边图像的区分度，也更易吸引受众注意，如图 6-22 所示。

图 6-21　处理背景图片

图 6-22　导入文字块,并将字体颜色设置为白色

（5）第三导读区的制作

按照第一个导读分区的方法,可制作出第三个导读分区。所不同的是,底纹和字体颜色的设置分别为灰色和白色。灰色系冷色调,凸显财经性版面理性、冷静的编辑风格,导读区的完整效果图如图 6-23 所示。

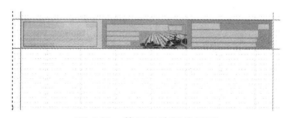

图 6-23　第三导读区效果图

4. 报头栏周边广告栏的编辑

财经版面精选广告有利于塑造自身形象,并形成广告的良性循环。此外,广告的诉求对象也应与财经类报纸的目标受众——有较强购买力的商界人士相一致。例如,位于本版报头下方的广告是关于高尔夫球巡回赛区域赛的广告,如图 6-24 所示,其无论是广告诉求的内容、对象,还是最终呈现在版面上的形式,都与该版面的风格相一致。

图 6-24　本版关于高尔夫球巡回赛区域赛的广告

5. 左栏导读区的制作

相关专版的主要内容通过提纲挈领、形式各异的导读在头版"露脸",再加以转版说明,

不仅丰富信息含量,还能深入地诠释新闻主题,这种导读形式适应了资讯时代读者阅读的客观要求,在强化财经类的易读、悦读特征等方面做出了有益的尝试。

（1）插图制作

在图片编辑软件中对原图进行加阴影等相关处理,可使其更具立体感。插图下方字体同为方正大黑_GBK,并将"56"设置为斜体字,强调时间性,如图 6-25 所示。

图 6-25　制作插图

（2）提要文字编辑

导入相关文字后,将导读标题颜色设置为蓝色,与左方插图相互呼应,如图 6-26 所示。导读区的完整效果图如图 6-27 所示。

图 6-26　编辑提要文字

图 6-27　左栏导读区效果图

6. "社论"的编辑

评论堪称一张报纸的"灵魂"和"旗帜",对于财经类报刊而言亦是如此。随着报业市场的逐步成熟、竞争的加剧,经济类报纸为读者服务的意识也越来越浓,尤其是在信息过剩时代,评论板块的强化,有利于满足读者对信息的高质量和专业性的需求。

7. 版面的色彩元素

版面巧妙的色彩配置往往能起到活跃版面、烘托版面内容、彰显鲜明风格的重要作用。

以本实验为例,该版面无论是报名、栏目名,还是导读区的色彩配置,均以绿色系为主导,同时配合其他接近的色系,整体上显得秀气大方、简洁明快,既与身处都市中的中产阶级追求宁静的精神生活的阅读取向相一致,也彰显了报纸的鲜明风格。

另外,财经版面在色彩运用上要讲求精简,尽量避免用纯色、深色,多用复色和次纯色。

(二)财经新闻版面的导读和图表编辑

我们以 2014 年 1 月 6 日《21 世纪经济报道》的头版为例,主要讲解财经新闻版面的导读和图表编辑步骤。

1. 编排导读栏

随着厚报时代的到来,报纸头版上形形色色的新闻导读,无疑是今天报纸版面的一大特色,也是报纸编辑花大力气想要做好的部分。导读作为一种全新的新闻体裁,也是一种有效的新闻链接。如同网络中的链接条,将重要新闻标题呈现给受众,既节省了宝贵的版面空间,又增大了头版的信息量,还起到了活跃美化版面的作用。拓展头版的导读功能,使头版成为统率各叠报纸的要闻总汇,是报刊头版在编排时需要关注的又一个重要方面。

本版的导读别具一格,它没有采用其他导读常用的排版方式,除了在报头上端设有一个导读位置外,在版面中部还专门开辟了一个导读栏,设置了类似于电脑触摸屏上的"触摸块",让人忍不住想要用手指去单击。

本版导读栏的设置为:单击工具箱的文字工具"T",分别输入各个导读的标题,选择"文字/字体号"选项对主标、提要题及右侧的详见版面设置适当的字体及字号,如图 6-28 所示。

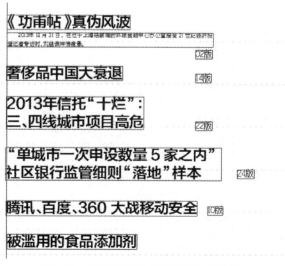

图 6-28 设置导读栏文字的字体及字号

2. 制作图表

随着财经报刊陆续进入新一轮的改版与创新,图片的应用受到越来越多的重视,不仅不再局限于使用新闻图片,自制图表及表格的形式也逐渐增多,具有丰富原创性的同时也让新闻信息更加一目了然。例如在本版实验中,对《2013 年 11 月腾讯手机管家用户标记骚扰电话比例》及《2013 年 11 月诈骗类短信内容》的数据分别制成了图表,将各部分比例呈现得非常清晰明了。

方正飞腾自带图片及图形处理工具,但是功能表现不及专业的图片处理软件(如 Photoshop、CorelDRAW 或 Illustrator 等),所以建议大家在专业的图片处理软件中对图片进行处理后,再导入到工程文件中进行编辑,这样效果更佳。

本版的图表主要是制作扇形统计图,具体操作步骤为:在 Photoshop 软件中完成图表设计后,将图片图像模式设置为 CMYK 格式,保存为 . tiff 格式;单击“文件/排入图像”选项,或者单击工具栏中的排入图像工具“▣”,或使用快捷键“Ctrl＋Shift＋D”,弹出“图片排版”对话框,选中所需图片,如图 6-29 所示;单击“排版”按钮,将图片排入相应位置,最后的效果如图 6-30 所示。

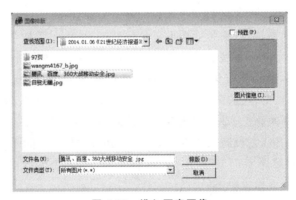

图 6-29 排入图表图像

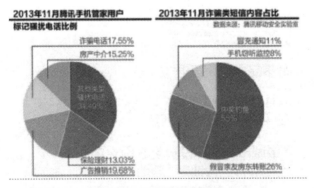

图 6-30 图表区域效果图

其余新闻版面的编辑方法与 2008 年 11 月 6 日《21 世纪经济报道》头版(如图 6-1 所示)的编辑方法基本相同,此处不做详细的讲述。

● ● ● ● 五、实验注意事项 ● ● ● ●

1. 财经新闻版面风格通常为严肃、理性、冷静，因此在版面设计方面不宜过于花哨，如在颜色配置、标题字体选择方面，应以质朴大方、简洁明快为主。

2. 财经新闻版面在图文编排上，应有意识地结合图表或图片。图表和图片所具有的通俗易懂和科学准确的特征，不仅有利于帮助读者解读专业性较强的财经类信息，而且能有效地增强版面的感染力。一幅图表往往包含数字、线条、图案、色彩等多种视觉信息元素，它的直观性和准确性，能使读者从上下起伏的曲线中直接明了地感受到报道对象的发展与变化。

3. 财经新闻图片的选取原则可着力聚焦于"人"。因为财经新闻基本属于"硬"新闻的范畴，在抽象的文字和数据中，人物是为数不多的形象性主体，以人物为主角的新闻图片是软化财经新闻的高招。许多财经新闻的新闻价值也是通过人物体现出来的。

● ● ● ● 六、实验记录方式 ● ● ● ●

1. 保存文件。选择"文件/存文件"选项，或者使用快捷键"Ctrl＋S"，或者单击图标"🖫"，弹出"另存为"对话框，输入文件名（报社为方便辨认文件，其文件名一般会使用"日期＋版面名称"的格式），其他设置保持默认值，单击"保存"完成步骤。

2. 若想将.FIT 文件保存为.JPG 格式图片，操作方法分三步。

（1）选择"文件/部分发排"选项，弹出"部分发排"对话框，保存类型选择"EPS Files(＊.EPS)"，在下面勾选"生成 Tiff 预显图"，图像格式点选"24 位"，单击"保存"。

（2）打开 Photoshop 软件，选择"文件/打开为"，或使用快捷键"Alt＋Shift＋Ctrl＋O"，选择所保存的.EPS 文件，在下方"打开为"内选择"EPS TIFF 预览"，单击"打开"，即可打开 EPS 文件。

（3）选择"文件/保存为"选项，或使用快捷键"Ctrl＋S"，弹出"保存为"对话框，选择所需的文件格式，单击"保存"即可。

● ● ● ● 七、实验讨论与评价 ● ● ● ●

1. 财经新闻的编排如何平衡报道专业性与受众兴趣之间的关系？

2. 在经济全球化的今天，财经新闻的编排如何更好地体现经济的"国际化"与"本土化"特征？

● ● ● ● 八、实验报告 ● ● ● ●

1. 提交实验中生成的文件。

2. 完成实验中所讨论的问题。

●●●●● 九、实验思考与练习 ●●●●●

　　比较《中国经营报》(如图 6-31 所示,该版面电子版详见光盘)、《第一财经日报》(如图 6-32 所示,该版面电子版详见光盘)、《经济观察报》(如图 6-33 所示,该版面电子版详见光盘)与两份《21 世纪经济报道》这五份报纸的头版在编辑风格上的异同,并总结各自值得借鉴的编辑手法。

图 6-31　2014 年 1 月 13 日《中国经营报》01 版

图 6-32　2014 年 1 月 8 日《第一财经日报》A01 版

图 6-33 2013 年 9 月 9 日《经济观察报》01 版

参考文献：

[1] 何敏. 财经新闻写作必须实现专业性和可读性的结合[J]. 湖南商学院学报, 2004 (3).

[2] 刘晓璐. 经典报纸版式设计[M]. 广州：广东人民出版社, 2008.

[3] 韩松, 黄燕. 当代报刊编辑艺术[M]. 上海：复旦大学出版社, 2006.

实验七　社会新闻版面编辑

●●●● 一、实验目的 ●●●●

　　综合运用编辑排版的技能，独立、灵活地运用方正飞腾排版系统的各项功能，深入了解报纸社会新闻版面的编辑技巧，并在此基础上进行创新。

●●●● 二、实验要求与知识准备 ●●●●

　　1. 深入了解并掌握方正飞腾排版系统菜单栏、工具条和工具箱各命令的用途。
　　2. 灵活运用方正飞腾排版系统的排版功能，熟练掌握稿件编辑、标题编辑、图片编辑、版面编辑等技巧。
　　3. 在实验过程中，通过重现社会新闻版的排版来了解并掌握社会新闻版面的编辑技巧。

●●●● 三、实验器材 ●●●●

　　1. Windows98/2000/ME/NT/XP 中文版操作系统。
　　2. 方正飞腾排版系统 FIT4.0。
　　3. Photoshop、CorelDRAW 或 Illustrator 等专业图片处理软件。

●●●● 四、实验方法与步骤 ●●●●

　　近年来，随着报业的飞速发展，与人们生活息息相关的社会新闻开始受到媒体的关注，各家媒体几乎都把社会新闻版面作为竞争的焦点，因此，社会新闻版面的编辑对于每一家媒体的发展都是非常重要的。在采编社会新闻时，编辑要非常谨慎，注意把握原则性的规范。社会新闻的采编有以下四大原则：
　　"第一，客观性原则。不能把社会新闻当做可以拿捏的木偶或玩具，压制报道，掩盖事实。第二，导向性原则。社会新闻的导向作用在没有区别界定中不知不觉地发生着，我们必须正视。第三，倾向性原则。所谓倾向性是含有主观色彩的特性，体现媒体、媒体人员的认知取向。第四，选择性原则。所谓选择性是指社会新闻发布与否、角度选择时媒体和从业人员的主观能动性，是在倾向性基础上所作出的行为抉择。"[①]
　　以 2013 年 12 月 13 日《羊城晚报》A16"广州城事版"为例，分析此版编辑的主要步骤，该版的整体效果如图 7-1 所示（该版面电子版及练习素材详见光盘）。

---

　　① 李秀义，李洪光. 采编社会新闻应把握四原则[J]. 青年记者，2007(10月下).

图 7-1　2013 年 12 月 13 日《羊城晚报》A16"广州城事版"

注：本版面画版编辑图详见光盘画版文件夹图 2。

（一）版心的设置

新建一个方正飞腾的工程文件，设置版面参数如下。

版面：4k；版心：350mm×500mm（选自动调整版心大小）；上下左右页边空：12mm；版心字体号：6 号报宋；栏数：6 栏；栏间距：1 字；栏宽：16 字宽（栏宽相等）；行数：143 行；行距：0.25字；版面容纳字数：15000 字（实际上可排字数为 7000～8000 之间，不含图片位）。

具体操作步骤如下。

1．设置页面大小

选择"文件/新建"选项或使用快捷键"Ctrl＋N"，弹出"版面设置"对话框。页面大小选 4k。

2．设置版心字号

单击"版心及背景格字号"按钮，弹出"改变字号"对话框，字号设置为 6 号，单击"确定"，完成字号设置。

3．设置边空版心

单击"设置边空版心"按钮，弹出"设置边空版心"对话框，"调整页面大小"一栏默认为"自动调整页面大小"，将"版心大小"一栏设置为 350mm×500mm，上下左右的"页边空"设置为 12mm，"栏数"设置为 6，勾选"栏宽相等"，将"栏宽"设置为 16 字，"栏间距"设置为 1字，"行数"设置为 143，"行距"设置为 0.25 字，单击"确定"，完成边空和版心的参数设置。

4．进入排版界面

单击"版面设置"的"确定"按钮，进入排版界面。

(二) 编辑报眉

报眉是内页版面上用来标明报纸名称、出版时间、版次、版面名称、版面编辑及美术编辑姓名的位置。报眉放在版心的上方,一般为通栏宽,高度为3行左右。但不同报刊的各类版面编辑要求有所不同,必要时按实际情况排版即可。编辑报眉的具体操作步骤如下。

1. 画出版线

将光标移至标尺栏并往下拉出参考线,拉至第三行的位置上,单击工具箱上的画线工具"▨",在参考线的版心位置划出一条通栏版线,如图7-2所示。

图7-2　绘制通栏版线

在编辑排版中,线条具有强调、区分、结合、美化和表情等作用,同时,不同线型也有不同的风格和表意。在报纸编排中,线条是一个重要的构成元素。这里的版线,是用于划分报眉和版面正文内容的线条,一般用细线即可。除此之外,在编排新闻背景资料、趣闻等内容时可以使用花边,讣闻等则宜用黑色直线表现其严肃性,而在社会新闻版面中,常用的都是相对花哨的线条,以此来突出社会新闻的活泼型。

在倡导报纸版面简洁化的今天,版面常用的线形基本以直线为主,但其他类型的线条的作用也不可忽视。不论哪种类型的线条,只要使用得当,都能增强版面的感染力和表现力。

2. 排入《羊城晚报》的标志

选择"文件/排入图像"选项,或者单击工具条的排入图像工具"图",或使用快捷键"Ctrl＋Shift＋D",弹出"图像排版"的对话框,选中所需文件,单击"排版按钮",在报眉处单击鼠标左键,将图片排入相应的位置,如图7-3、图7-4所示。

图7-3　排入《羊城晚报》标志图像

图7-4 调整《羊城晚报》标志位置

注：第一，每份报纸的标志都是经过设计并且有固定的规格，因此，在排入图片的时候，不要改变图片的长宽。

第二，新闻图片一般的格式为.TIF，因为此类图片清晰度高，印刷出来的质量也比较好。

3．输入日期、责任编辑、美编等编辑人员姓名及版面名称

单击工具箱的文字工具"T"，在版心的右上角键入日期等文字并将其选中，选择"文字/字体号"选项，或使用快捷键"Ctrl＋F"，设置字号和字体（6号黑体字），单击"确定"，完成操作，如图7-5所示。重复上一步，输入编辑人员名单和版面名称，选择恰当的字体和字号，并移至适当位置，报眉的制作就完成了，效果如图7-6所示。

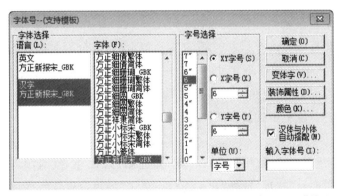

图7-5 设置"输入日期、责任编辑、美编等编辑人员姓名及版面名称"的字号及字体

图7-6 设置完成报眉

（三）制作版面标志

1．输入文字，并选择适当的字体、字号

单击工具箱中的文字工具"T"，输入"广州新闻·城事政事"文字，如图7-7所示。

广州新闻·城事政事

图7-7 输入版面标志的文字

2. 改变文字颜色

选中"·城事政事"四字及符号,选择"美工/颜色"选项,在调色板内选择灰色,单击"确定",如图7-8所示。

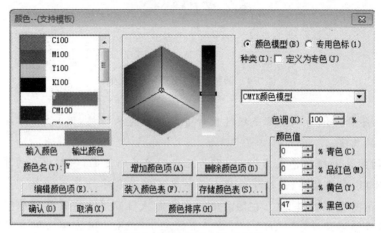

图7-8　改变标志文字的颜色

报纸版面中,特别是社会新闻版面,色彩的应用是无处不在的。因此,对于色彩的运用要谨慎,以免出现用色误区。

一般来说,一张报纸应该有其主色调,在主色调上面,每个版面都是统一的。除此之外,还要注意以下几点:首先,版面不宜过多地使用多种颜色,以免让读者眼花缭乱;其次,慎用不协调的颜色,如红配绿等,以免降低报纸的格调;最后,在用颜色做文字的衬底时,要注意不要让颜色覆盖文字,以免干扰读者阅读。

3. 画出矩形

单击工具箱的矩形工具"□",画出一个矩形,选择"美工/颜色"选项,将矩形边线设置为"无色";选择"美工/底纹"选项,选择"单一"选项;单击"颜色设置",将底纹颜色设置成与《羊城晚报》标志相同的暗红色,以使报眉整体相协调,单击"确定"完成设置,放于报刊标志的下方;单击鼠标右键选择复制,或者单击工具条中的复制工具"🖶",或者使用快捷键"Ctrl+C",复制矩形,改变矩形宽度并放于版面名称"广州新闻·城事政事"的右侧,调整好各矩形的位置,制作好的标志效果如图7-9所示。

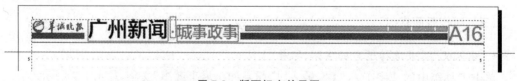

图7-9　版面标志效果图

(四) 排入头条文章

"社会新闻,是指没有鲜明行业特点而又为大众所广泛感兴趣的,以反映社会生活、道德伦理、趣闻逸事等为主要内容的新闻。社会新闻以其带有的个人行为、个人境遇的色彩来打动人、感染人、影响人。读者从这些新闻中感受到某种道德观、价值观、人格倾向的影响。"[1]因此,社会新闻所具有的多种价值特性使得社会新闻具有普遍的读者群体。

在所有的报纸版面中,社会新闻版是版面设计最多变的版面之一。因此,在编辑设计版面、组拼稿件的时候,就要注意正确安排和组合各类稿件,将"易读性"和"趣味性"结合在一起。

分清版面的主次有助于读者更加顺利地进行阅读,只有重点突出的版式设计才能够刻画整版新闻的"生动表情",抓住读者的眼球。除此之外,社会新闻版的主要受众就是社会大众,大家的关注点就是人情、人心,因此在社会新闻的版面设计中,我们要重点突出人的心、人的感情。

在本实验的版面中,编辑以"18届广州国际艺术博览会昨晚开幕 毕加索米罗名画现身羊城"为头条,一方面是从广州国际艺术博览会本身所具有的重要性而言,应该编排在头条位置,另一方面是因为该篇稿件在时间及地域上的接近性能够引起大部分读者的阅读兴趣。

本实验头条新闻的具体编辑操作如下。

1. 排入文字

选择"文件/排入文字"选项,或者使用快捷键"Ctrl+D",或者单击工具条的排入文字工具"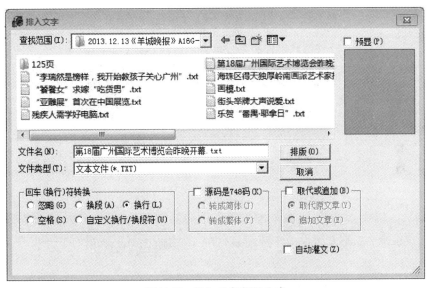",弹出"排入文字"对话框,选中所需文章,在左下角点选"换行",单击"排版"排入文字,由于本文的文字叙述较多,因此调整文本框大小,将所有文字排入,如图7-10所示。

图7-10 排入头条新闻文字

注:排入文章时,应点选"换行",若选择"换段",则排入的文章段前会空四个字,若选择"忽略",则排入文章顶格。

2. 编辑标题

单击文字工具,选中文章标题,单击鼠标右键,选择"裁剪",再单击鼠标右键,选择"粘

---

① 顾理平.社会新闻采写艺术[M].北京:中国广播电视出版社,2000。

贴"，将主标题和副标题裁剪出来独立编辑，将标题改为适当的字体和字号。

头条的标题为了突出、吸引读者眼球会使用一号或二号标宋，而社会新闻版甚至会使用更为明显的字号。在版面上，标题字号的差异也可以体现新闻的重要性。不同的字号和字体会给读者带来不同的感官刺激。

如本实验的版面中，编辑就将"现身羊城"四字作放大处理：首先，选中"现身羊城"四字，单击鼠标右键选择"字体号"，设置字体字号，如图7-11所示；其次，改变字体样式，选中文字并选择"文字/变字体"选项，弹出"变字体"对话框，勾选"立体"、"勾边"等选项，如图7-12所示。

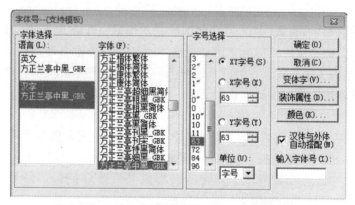

图 7-11　设置头条标题"现身羊城"的字体及字号

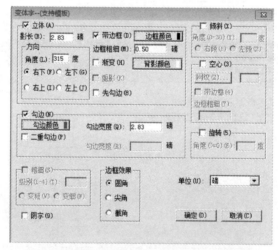

图 7-12　改变头条标题"现身羊城"的字体样式

设置完成后，不仅使标题更加凸显，版面的层次感也非常突出，如图7-13所示。

第18届广州国际艺术博览会昨晚开幕

毕加索米罗名画现身羊城

图 7-13　头条标题效果

除此之外,不同的字体还具有不同的表意功能,读者可以从不同类型的字体中分辨出新闻的不同风格和气质。黑体方正,是现代编辑排版中除标宋外最常见的标题字体之一。

3. 排入正文

首先,将正文内容排好,选择适当的字体、字号,一般新闻版面的字体都是 6 号的报宋。对正文进行分栏处理,点击工具箱的选取工具"➤",选中文本框,选择"版面/分栏/分四栏"选项,或者使用快捷键"Ctrl＋B",将文本框分成四栏,如图 7-14 所示。最后,调整文本框大小,使整篇文章的排版整齐美观。

图 7-14　文本框分栏

4. 突出内文小标题

一般的报刊都会通过改变字体和字号来凸显内文的小标题。该版面除了利用这种方法外,还通过添加图形衬底来凸显内文的小标题。

首先画出矩形,矩形底纹颜色为浅蓝色,单击鼠标右键选择"层次/到后面"选项,或使用快捷键"Ctrl＋Alt＋B",将矩形的层次设定为下层,叠在小标题下方。整篇头条新闻的效果如图 7-15 所示。

图 7-15　头条新闻编排效果

注:第一,为了方便编辑,一般将稿件另存为"记事本"的 .txt 格式,使用"记事本"工具保存可以删除文章的格式,会避免排入文字时发生格式错乱。

第二，当文字未排完时，文本框下方的小方格会显示蓝绿色，如图 7-16 所示。这时有两种方法解决：第一，扩大文本框，此方法适用于整篇文章排在同一位置的情况；第二，若整篇文章并非排在同一位置，可以单击蓝绿色小方格，这时便可重新设立一个文本框，将文字排在别处。但是需要注意的是，报刊编排一般不会改变行距。

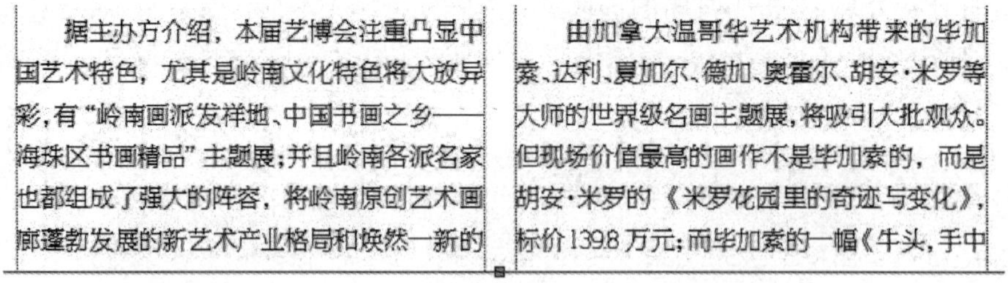

> 据主办方介绍，本届艺博会注重凸显中国艺术特色，尤其是岭南文化特色将大放异彩，有"岭南画派发祥地、中国书画之乡——海珠区书画精品"主题展；并且岭南各派名家也都组成了强大的阵容，将岭南原创艺术画廊蓬勃发展的新艺术产业格局和焕然一新的
>
> 由加拿大温哥华艺术机构带来的毕加索、达利、夏加尔、德加、奥霍尔、胡安·米罗等大师的世界级名画主题展，将吸引大批观众。但现场价值最高的画作不是毕加索的，而是胡安·米罗的《米罗花园里的奇迹与变化》，标价1398万元；而毕加索的一幅《牛头，手中

图 7-16　当文字未排完时，文本框下方的小方格会显示蓝绿色

第三，对着文本框双击鼠标左键，可自动调整文本框大小。

第四，为了使版面整齐美观，一般文章的每一栏行数都相等，若遇到参差不齐的情况，编辑可以通过调整标点与文字间的间距的办法进行调整行数，具体的操作是：选择"文字/字距和字间"选项，或者使用快捷键"Ctrl＋M"，弹出"字距和字间"对话框，如图 7-17 所示，可在此处对字距进行调节，还可以对稿件的一些不必要的文字进行删减。

图 7-17　字距和字间设置窗口

（五）编辑集纳新闻

《毕加索米罗名画现身羊城》作为头条稿件的同时，与《海珠区得天独厚岭南画派艺术家抱团参展》、《"亚雕展"首次在中国展览》及图片新闻《画模》还构成了集纳性新闻专栏。

集纳，收集、归纳之义。顾名思义，集纳性新闻专栏即是由多篇性质相同的新闻稿件集成的专栏。集纳性新闻专栏比单篇稿件更为集中化、统一化和整体化。集纳性新闻专栏可以更加凸显新闻的厚度和深刻性。同时，集纳性新闻专栏又比单篇新闻更为丰富多样，在可读性上更为突出，也更加具有视觉冲击力，在版面编辑中使用集纳性新闻专栏可以增强版面的吸引力。

在编辑此类集纳专栏时,要注意负面新闻不宜用集纳专栏集中报道;在稿件取舍上要严格区分哪些是社会新闻,哪些是娱乐新闻、经济新闻,不宜为寻求"卖点"而扩大社会新闻的报道范围,应重视社会新闻的舆论导向,把握社会新闻的新闻价值。这些不仅仅只是集纳专栏的注意事项,也是编辑在整个社会新闻版编排和选稿上要注意的问题。

《海珠区得天独厚岭南画派艺术家抱团参展》和《"亚雕展"首次在中国展览》两篇文字稿件的编辑方式与头条的编辑方式大致相同,在此不再多作说明。接下来,详细介绍图片新闻的编排步骤。

(六)编辑中间栏的图片新闻

如果将社会新闻版面比喻为一个人,那么文字和图片是支撑起这个人的两条腿,一个没有图片的社会新闻版等于是缺少了一条腿的人一样无法行走。图片对于社会新闻版面来说是非常重要的。

新闻图片除了有传播信息、佐证事实外,还有吸引读者和增强版面表现力的功能。[1] 因此,对于社会新闻版面的编辑来说,要怎样处理好新闻图片,是需要深思熟虑的。版面内的所有新闻图片都要富有表现力,而且不应含多余元素,力求简洁、清晰、明了。

社会新闻版面的编辑不仅要重视新闻图片,而且也要善于运用新闻图片,使新闻图片真正地在版面上亮丽起来。因此,在运用新闻图片时,要注意图片放置的位置以及图片的篇幅,这些都是影响图片运用效果的重要因素。

中间栏图片新闻的具体操作步骤如下:

(1)选择"文件/排入图像"选项,或者单击工具条的排入图像工具"图",或使用快捷键"Ctrl+Shift+D",弹出"图像排版"对话框,选中所需文件,单击"排版按钮",将图片排入相应的位置,如图7-18所示。

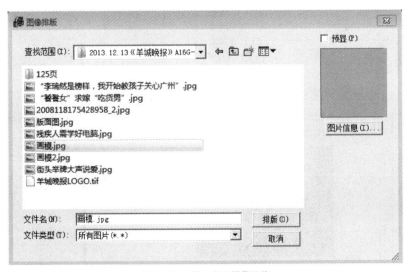

图7-18　排入"画模"图像

---

① 肖伟.报刊电子编辑教程[M].广州:暨南大学出版社,2006。

（2）单击矩形工具"□"，画出一个矩形，选择"美工/线型"选项，将矩形边线设为无色，如图7-19所示；选择"美工/底纹"选项，选择"单一"，单击"颜色设置"，将底纹设成深蓝色，单击"确定"完成设置。

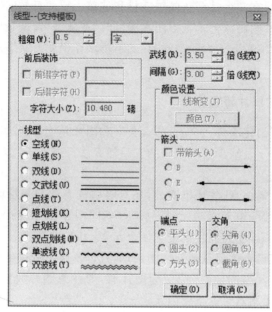

如图7-19　将矩形边线设为无色

（3）选中矩形色块，单击鼠标右键，选择"层次/到后面"选项，如图7-20所示。

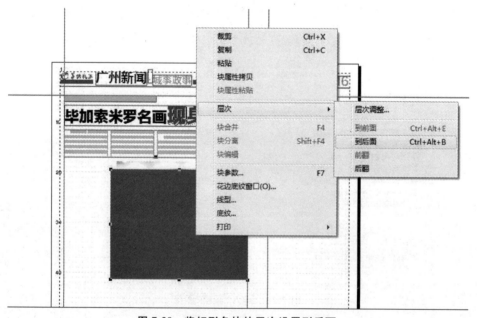

图7-20　将矩形色块的层次设置到后面

（4）运用编辑头条文字的处理方式，排入文字，如图7-21所示。

图 7-21　图片新闻编排效果

注：第一，在图片新闻中，图片是主导因素，因此，图片在新闻中是占最大比例的。除此之外，为了加大图片的视觉冲击力，新闻图片往往是经过图片处理软件（如 Photoshop 等）的编辑的。

第二，受版面限制，编辑在编排图片时，很多时候要对图片的大小进行裁剪，在裁剪过程中，编辑不能改变图片的长宽比，否则，这张新闻图片就会失真。

第三，一般来说，如果需要做图片说明，说明文字与图片间距0.5字。

（七）编辑新闻《乐贺"番禺·耶拿日"》

该则新闻版面的编辑方法与头条新闻的编辑方法基本相当，此处不做详细的讲述。

（八）编辑图文新闻

《"饕餮女"求嫁"吃货男"》一文的图片编辑操作如下：排入文字和图片，根据需要裁剪好图片，定好两者的位置，同时选中文本框和图片，选择"版面/图文互斥"选项，弹出"图文互斥"对话框，点选"图文相关"一栏，单击"确定"完成操作，如图7-22所示。或者选中文本框，按住"Shift"键，光标移到文本框与图片重叠的右上角，当光标变成双箭头时，斜向下将光标拉至图片的左下角，即可将图片嵌入文章中。

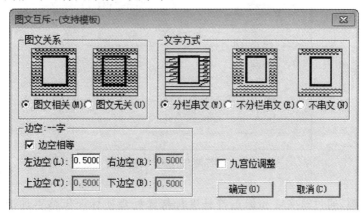

图 7-22　设置"图文相关"选项

整篇新闻的效果如图 7-23 所示。

图 7-23　本篇图文新闻效果图

《街头举牌大声说爱》和《残疾人需学好电脑》两篇图文新闻的编排方式则简单得多,只需将文字排成单栏,分别在另一栏及同栏的下方排入图片,根据需要将图片裁剪成合适大小即可。

(九)编辑右下角的新闻《"李瑞然是榜样,我开始教孩子关心广州"》

右下角新闻的具体操作步骤如下:

(1)输入标题文字,使用快捷键"Ctrl+J"设置"行距与行间",如图 7-24 所示。

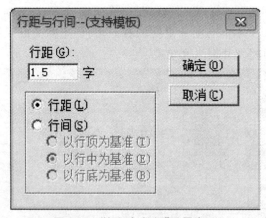

图 7-24　"行距与行间"设置窗口

(2)修饰标题,通过对文字和标点符号进行特殊处理使标题风格更加活泼生动。选中标题中的"前引号"标点,选择"文字/字体号"选项,或使用快捷键"Ctrl＋F",设置字号和字体,单击"颜色"选项设置颜色,进行调整后标题如图 7-25 所示。

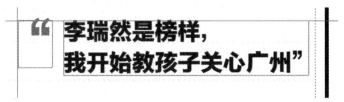

图 7-25　修饰标题,改变前引号颜色

（3）将图片与正文排好,添加色块衬底以区分正文与导语的内容,并修饰版面效果,如图 7-26 所示。然后单击工具栏的选取工具"▶",或者使用快捷键"Ctrl＋B",选择"版式/分栏/分4 栏"选项,将文字分成 4 栏,再将文字移至恰当的位置即可,最后的效果如 7-27 所示。

图 7-26　添加色块衬底以区分正文与导语的内容

图 7-27　版面效果

完成以上(一)～(九)的 9 个步骤后,一个完整的版面就编排好了。

随着社会的进步,人们的精神生活越来越多层次、多元化,越来越多的人开始关注社会新闻,同时对于社会新闻的采编要求也越来越严格。在这样的形势下,编辑要在社会新闻版的编辑上面花更多的心思,特别是在对稿件的选择和编排上要更加小心处理。

要提高社会新闻报道的质量,必须注意掌握和处理好以下两个方面的关系:

① 贴近与引导的关系。报道要贴近实际、贴近生活、贴近读者,也要注意正确引导社会舆论。

② 批判与歌颂的关系。在做批评报道,进行舆论监督,暴露社会黑暗面之余,也要注意报道光明的一面,要正确处理好正面报道和负面报道的比例,必须突出正面报道,让正面报道占绝对优势。

●●●●● 五、实验注意事项 ●●●●●

1. 社会新闻讲求趣味性,要求图文并茂,因此,在设计版面的时候要注意图片和文字的比例以及两者的关系,以吸引读者眼球。

2. 社会新闻版是除娱乐版和副刊外的第三个注重新闻图片的版面。在社会新闻版里出现的图片具有表现主题和加强视觉冲击力的作用。选择好的图片,能为社会新闻版增添风采。

3. 要注意保存文件,以免因软件问题而出现文件丢失现象。方正飞腾排版软件有一个特殊的功能,一旦原文件发生系统错误打不开,我们可以打开备份文件"＊.BAK",即可回到最后一次保存时的界面。

●●●●● 六、实验记录方式 ●●●●●

1. 保存文件。选择"文件/存文件"选项,或者使用快捷键"Ctrl＋S",或者单击图标"🖫",弹出"另存为"对话框,输入文件名(报社为方便辨认文件,其文件名一般会使用"日期＋版面名称"的格式),其他设置保持默认值,单击"保存"完成步骤。

2. 若想将.FIT 文件保存为.JPG 格式图片,操作方法分三步:

(1) 选择"文件/部分发排"选项,弹出"部分发排"对话框,保存类型选择"EPS Files(＊.EPS)",在下面勾选"生成 Tiff 预显图",图像格式点选"24 位",单击"保存"。

(2) 打开 Photoshop 软件,选择"文件/打开为",或使用快捷键"Alt＋Shift＋Ctrl＋O",选择所保存的.EPS 文件,在下方"打开为"内选择"EPS TIFF 预览",单击"打开",即可打开 EPS 文件。

(3) 选择"文件/保存为"选项,或使用快捷键"Ctrl＋S",弹出"保存为"对话框,选择所需的文件格式,单击"保存"即可。

●●●● 七、实验讨论与评价 ●●●●

1. 社会新闻版面的编辑如何对新闻图片把关? 应怎样处理好一张兼具真实性和视觉冲击力的社会新闻图片?

2. 在视觉冲击的今天,新闻版面的版式设计不断推陈出新。在此背景下,社会新闻版面如何设计才能抓住读者的眼球?

3. 社会新闻报道是加强社会主义精神文明建设的有效载体和手段,不能把它作为取悦读者、哗众取宠的工具。特别要防范把社会新闻狭隘地理解为"负面新闻"的危险意识。由此,我们在版面编排上应该怎样兼顾趣味性和舆论导向?

●●●●● 八、实验报告 ●●●●●

1. 提交实验中生成的文件。
2. 完成实验中所讨论的问题。

●●●●● 九、实验思考与练习 ●●●●●

1. 比较《大公报》A14 港澳版(图 7-28,该版面电子版详见光盘),《广州日报》A17 都市区街版(图 7-29)与本实验对象《羊城晚报》在社会新闻版编辑上的异同。

图 7-28 2014 年 1 月 3 日《大公报》A14 版

图 7-29 2014 年 1 月 14 日《广州日报》A17 版

2. 请利用本实验中所学的技巧,尝试重现 2013 年 12 月 3 日《羊城晚报》A16"广州城事"版,版面效果如图 7-30 所示。

图 7-30　2013 年 12 月 3 日《羊城晚报》A16 版

参考文献:

[1] 李秀义,李洪光. 采编社会新闻应把握四原则[J]. 青年记者,2007(10 月下).

[2] 顾理平. 社会新闻采写艺术[M]. 北京:中国广播电视出版社,2000.

[3] 肖伟. 报刊电子编辑教程[M]. 广州:暨南大学出版社,2006.

[4] 南长森. 简论社会新闻的现状及其趋势——以《新民晚报》《华商报》为例[J]. 新闻知识,2004(3).

[5] 冯少波. 社会新闻:报纸的闪亮看点[J]. 新闻实践,2004(8).

[6] 渭川. 报道社会新闻要唱响主旋律[J]. 报刊之友,2000(2).

[7] 高伟毅. 让照片在版面上唱响主角——浅谈黑龙江日报"社会新闻"版的图片运用[J]. 新闻传播,1997(2).

实验八　娱乐新闻版面编辑

●●●●● 一、实验目的 ●●●●●

综合运用排版的技能,独立、灵活地运用方正飞腾排版系统的各项功能,深入了解和掌握报纸娱乐版面编辑的技巧及特点,并在此基础上进行创新。

●●●●● 二、实验要求 ●●●●●

1. 深入了解并掌握方正飞腾排版系统菜单栏、工具条和工具箱各命令的用途。

2. 灵活运用方正飞腾排版系统的排版功能,熟练掌握稿件编辑、标题编辑、图片编辑及版面编辑等技巧。

3. 了解并掌握娱乐版面编辑的技巧及原则。

●●●●● 三、实验器材 ●●●●●

1. Windows98/2000/ME/NT/XP 中文版操作系统。

2. 方正飞腾排版系统 FIT4.0。

3. Photoshop、CorelDRAW 或 Illustrator 等专业图片处理软件。

●●●●● 四、实验方法与步骤 ●●●●●

以 2014 年 1 月 3 日《广州日报》B1 娱乐版(如图 8-1 所示)为例,分析此版面的主要编辑步骤(该版面电子版及练习素材详见光盘)。

图 8-1　2014 年 1 月 3 日《广州日报》B1 娱乐版

注：本版面画版编辑图详见光盘画版文件夹图 3。

（一）编辑版心

本版版心制作的具体操作步骤如下：

1. 设置页面大小

单击"文件/新建"选项或使用快捷键"Ctrl＋N"，弹出"版面设置"对话框，页面大小选 4k。

2. 设置版心字号

单击"版心及背景格字号"按钮，弹出"改变字号"对话框，字号设置为 6 号，单击"确定"，完成字号设置。

3. 设置边空版心

单击"设置边空版心"按钮，弹出"设置边空版心"对话框，"调整页面大小"一栏默认为"自动调整页面大小"。"版心大小"一栏设置为 350mm×500mm，上下左右的"页边空"设置为 10mm，"栏数"设置为 7，勾选"栏宽相等"，将"栏宽"设置为 16 字，"栏间距"设置为 1 字，"行数"设置为 143，"行距"设置为 0.25 字，单击"确定"，完成边空和版心的参数设置。

4. 进入排版界面

单击"版面设置"中的"确定"按钮，进入排版界面。

（二）编辑报眉

报眉是内页的版面用来标明报纸名称、出版时间、版次、版面名称、版面编辑及美术编辑姓名的位置。有些报纸的报眉是位于版心的上方，做成通栏；也有某些报刊的报眉不采用通栏形式，而是加以设计，只占据左边一个矩形的方块空间，右边则在报眼部分刊登新闻。一般来说，每份报纸的报名都是经过精心设计而固定下来的一个版式，其大小及比例都是有严格规定的，不可随意更改。

（1）排入《广州日报》的版面标志，并将其移至适当位置。具体操作为：单击"文件/排入图像"选项，或者单击工具条的排入图像工具"图"，或者使用快捷键"Ctrl＋Shift＋D"，弹出"图像排版"的对话框，选中所需图片，单击"排版"按钮，将图片排入相应的位置。

（2）单击工具箱的文字工具"T"，输入"娱乐"，选择"文字/字体号"选项，或使用快捷键"Ctrl＋F"，设置字号和字体，如图 8-2 所示；然后单击"变字体"勾选"立体"、"勾边"等选项，单击"确定"完成设置，如图 8-3 所示。输入其他文字后，报眉效果图如图 8-4 所示。

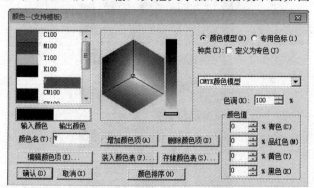

图 8-2　设置"娱乐"文字的字号和字体

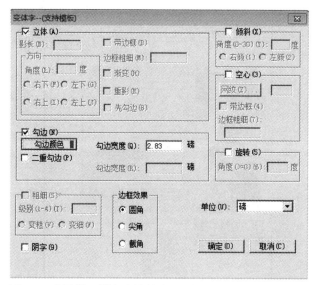

图 8-3　设置"娱乐"变字体样式，勾选"立体"、"勾边"等选项

图 8-4　报眉效果图

（三）编辑头条

娱乐新闻应该具有轻松愉快、吸引眼球的特质，但不能因此而成为娱乐新闻低俗化的理由。所以，"娱乐新闻需要编辑人员具备甄别的能力，从浩瀚如海的各类娱乐新闻中选取既有品位又不流于低俗的新闻，让读者在'悦读'中体会娱乐新闻的轻松与美感。"[①]同时，编辑人员还要注意在娱乐报道中体现文化价值的判断。这是在编辑娱乐新闻时需要注意的问题。

报纸版面是由多个具有主次顺序关系的图形或模块组成的。一般来说，版面确定了一个主体（即头条），其他新闻稿件的排版组合就围绕着主体展开设计，顺序不能倒置——这就是报纸版面设计的特性。

在设计一个版面时，首先确定哪些稿件作为头条、哪些稿件作为次要稿件。在编排版面时，处理好头条就相当于稳住了版面的重心。头条要体现"第一眼效应"，一个版面的成败就在于此，因此一定要将其尽可能安排在视觉中心的位置上。

本版头条的具体操作步骤为：首先，选择"文件/排入文字"选项，或者使用快捷键"Ctrl＋D"，或单击工具条的排入文字工具"🖼"，弹出"排入文字"对话框，选中所需文章，在左下角点选"换行"，单击"排版"按钮排入文字，调整文本框大小，将所有文字排入。其次，选择"文件/排入图片"按钮，或使用快捷键"Ctrl＋Shift＋D"，弹出"图像排版"对话框，选中所需图片。初步调整文字与图片的位置，如图 8-5 所示。

---

①　童雯霞."帕帕拉齐"：娱乐新闻的双刃剑[J].传媒，2009(3).

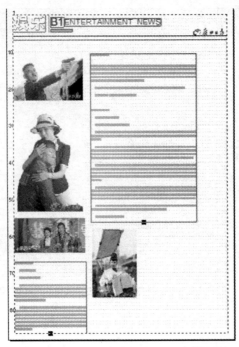

图 8-5　初步调整头条文字与图片的位置

(四) 选择图片

在当今的"读图时代",对于娱乐版来说,只有巧妙地运用图片,抓住读者眼球,才能使版面出彩。娱乐版可以采用多种多样的、灵活的排版方式,如嵌入超大幅图片、对图片进行后期再创作等。但形式一定要为内容服务,使版面活而不俗、内容多而不乱。

版面虽然无图不"活",但同时必须把握好图片使用的"度",即巧妙地处理图片的大与小、动与静的关系。图片过多,但缺乏内在联系,就会使版面显得杂乱无章;图片大小平均,主次不明,显然也无法营造出版面的轻重节奏,突出头条新闻。另外,在选择头条稿件的图片时,还要从颜色、样式等各个方面来精心挑选。

在本实验的版面编辑中,编辑选择孙红雷在剧中的剧照作为头条中的主打,再用其他明星的剧照加以搭配,起到了吸引读者眼球的效果。选择孙红雷的图片,一是因为在整幅图片中人物既简单又突出;二是为配合头条标题《只有孙红雷"不雷"》。另外,因为是对 2014 开年大戏古装剧的盘点,为配合新闻内容,版面中还适当增加一些小篇幅的图片作为衬托。需要注意的是,小配图既不宜在面积上超过主打图片,也不宜在色彩上"抢风头",同时还要兼顾彼此间的色彩协调,对比不可过于强烈。另外,图片也没有做其他繁复的处理,以最简单的矩形来表现版面的层次与整齐划一。

最后需要注意的是,色彩刺激强度高,版面当然会相对的活泼、跳脱一些。但这样的色彩不宜大面积使用,出现频率也不宜高。比较理想的方法是多用柔和明快的浅调暖色。在编辑时,要多在版面色彩的处理上下工夫,因为这是娱乐版面的个性象征。

(五) 图片艺术处理

娱乐版面的图片较其他类型版面的图片更为活泼,在不影响美观、阅读的情况下,图片可以进行各种各样的处理。

现在的平面媒体在娱乐图片的使用上一般都以"一张主图＋N张副图"的形式来分配图片资源。视觉冲击力大的主打图片可大到三栏、四栏，而副图则有可能小到一栏、半栏。另外，对图片进行不规则处理（如圆角矩形、椭圆边框架、圆形剪裁等）、边框勾勒和掏空人物图片背景杂物等，都是现代娱乐版面设计中的常用处理方法。

虽然在方正飞腾里面也有图片处理工具，但功能不如专业的图片处理软件（如 Photoshop、CorelDRAW 或 Illustrator 等）强大。所以建议大家在专业的图片处理软件中将图片处理完毕后，保存为 .jpg 或 .bmp 等方正飞腾支持的格式，再导入方正飞腾中进行编辑，效果更佳。

在头条中，对孙红雷剧照图片进行处理的具体操作步骤如下。

将孙红雷的图片作为主打。但为了突出人物，编辑对图片进行剪裁，去掉了不必要的背景。图片的剪裁，既要去除无用的部分，还要通过剪裁增强图片的形象价值。

利用 Photoshop 的"钢笔工具"，对人物左边的背景进行抠图，将多余部分剪裁掉，如图8-6 所示。

图 8-6　通过抠图处理人物背景

（六）图文结合

《只有孙红雷"不雷"》由于图片较多，必须根据五幅剧照图片及四篇相应的文字内容，加上简单的提要、多次调整版面，才能形成一种开年大戏群星云集、热闹非凡的效果。要注意的是，娱乐版的图片是相当重要的，数量会比其他任何类型的版面都多。所以务必使图片与相关文字紧靠在一起，或使图片有一定的指示符号。

《年代剧＜一代枭雄＞孙红雷自嘲"可惜不雷"》处于头条的视觉中心位置，版面编排富有变化,是头条中的"头条新闻"。具体操作步骤如下。

(1) 排入文字

将正文内容排好,选择适当的字体、字号,选中文本框内的文字,使用快捷键"Ctrl+F",即可弹出"字体号"对话框。

单击文字工具,选中文章标题,单击鼠标右键,选择"裁剪",再单击鼠标右键,选择"粘贴",将主标题和副标题裁剪出来进行独立编辑,将标题改为适当的字体和字号。

(2) 制作分栏

单击工具箱的选取工具"",选中文本框,选择"版面/分栏/分三栏"选项,将文本框分成三栏。

(3) 设计图文效果

单击文字框,按住"Shift"键调整文字框大小。对文字部分按照图片形状进行环绕编排,重复操作后即可呈现"锯齿状"的效果,如图 8-7 所示。

图 8-7 对图文进行环绕编排,即可呈现"锯齿状"效果

(七) 修饰标题

标题是文章的眼睛,它不仅为稿件增值,而且对活跃整个版面甚至建构合理的报纸空间都起到了重要作用。由于每种字体各自的笔画特征、结构疏密和色彩浓淡不同,产生的视觉印象和情感联想也不同。所以,在编辑时,需要考虑字体字号与版面风格的从属关系,字体字号与版面的风格应该协调一致。

《只有孙红雷"不雷"》这篇文章有引题与主题,其中主题得选用比较大的字号,同时字体型号也要较为突出。为了显示新闻的重要性,主题选用超粗黑字体;另外,引题作为对新闻内容的补充说明,也需选用较大的字号,但一般要比主标题小两个字号以上,如图 8-8 所示。

图 8-8 设置引题与主题的字号

(八) 修饰图片说明文字

图片的说明文字有两种位置可以选择，一种是位于图片下方的空白处，另一种是压在图片上面。这两种选择主要是考虑用于摆放图片的空间是否足够，后一种方法可以节省版面空间。

《广州日报》的图片说明文字字体、字号是有规定的，统一选用黑体6号字。为了突出图片，可以选择将文字压在图片上面，或者排放在图片下方以求用最大面积来保持图片的完整性。在压图的情况下，为确保文字清晰可读，必须对文字做一定的修饰。一般来说，文字下方图片颜色若非偏黑的话，字体可以依然选用黑色，只需再加以白色勾边即可；而若图片颜色偏黑，那么字体可选择白色，无需勾边；若有些图片刚好一半偏白一半偏黑，那么文字的颜色可分开来处理。在文字修饰上，最重要的原则是字体清晰。如果图片说明文字不压图的话，字体的颜色可直接选择黑色，视情况进行美工修饰。

字体修饰的操作方法为：选中字体，单击右键，选择"字体号/变体字"选项，选择"勾边"，并确定勾边的颜色及宽度。由于字体为黑色，勾边颜色应选用白色，勾边宽度设为1.1磅。

过程及最后效果如图8-9至图8-11所示。

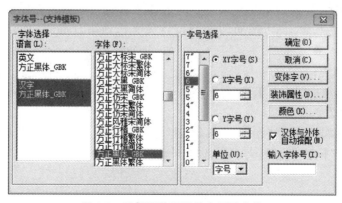

图 8-9 设置图片说明的字号及字体

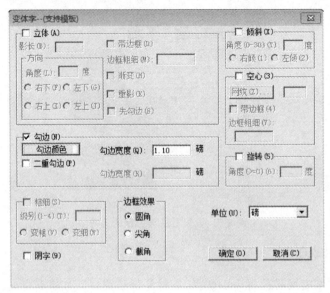

图 8-10　修饰图片说明文字,选择"勾边"选项并确定勾边的颜色及宽度

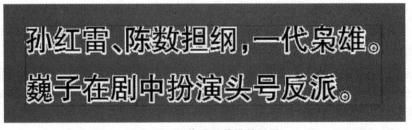

图 8-11　图片说明编排效果图

(九) 渐变色块的修饰技巧

装饰报纸版面使其产生美感效应,可以更好地发挥版面传递信息的功能,是报纸版面设计中的一个重要部分,不仅能单独地将版面分割成板块,而且能按编辑的意愿美化版面中的各个部分,渐变填充本身也能达到一种活泼多变的效果。但需要注意,在运用的过程中要有整体观念,善于把局部美与整体美有机地结合起来,做到既富于变化,又协调统一。

具体操作步骤为:

(1) 单击工具箱中的矩形工具"▢",画出一个矩形框,单击鼠标右键,选择"线型"选项,设置为"空线",如图 8-12 所示。

(2) 单击鼠标右键,选择"底纹"选项,勾选"渐变",如图 8-13 所示;进行颜色设置后,将矩形色块置于文字下方,调整好大小即可,效果如图 8-14 所示。

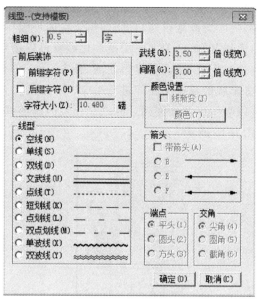

图 8-12　设置矩形边框的线型为"空线"

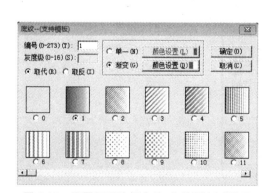

图 8-13　设置矩形边框底纹,勾选"渐变"选项

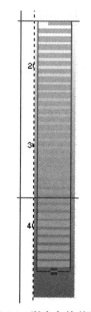

图 8-14　渐变色块效果图

(十)模块编辑

现代的编辑手段中,"组合式"(又称"模块化")的编辑形式是很常见的,即是将同类型的稿件按照大致相似的格式进行处理。从视觉心理分析的角度看,模块版式有其特定的优势。如果将一组意义相关、相近或相反的稿件散拼在版面上,那么它们仅仅是一篇篇独立的稿件。但如果将它们组合在一起,就可能产生独立于文字表达之外的隐含信息,从而达到"整体大于部分之和"的效果。另外,从视觉美学的角度看,模块式编排还能够产生一种简约而

规整的美感。

"模块化"并非简单地、随心所欲地拼凑，它同样需要在体现编排思想的基础上做到形式与内容的有机结合，实现"模块"的整合美。采用模块化编辑可以锁定读者的视线，同时减少由颜色、底纹、花边带来的视觉干扰，版面更显得简洁、整齐。

利用这种思维，我们将本版的五条小新闻进行组合，统一编排。虽然各自的版面空间不大，但形成了整体，同样可以吸引读者的阅读。标题制作及内容的编排可参照本实验中所讲的编辑方法，最终效果如图 8-15 所示。

图 8-15　模块编辑效果图

（十一）补充细节

最后，在报眉下面补充填写上当天的日期、版面的责任编辑名字等，检查各篇稿件是否有所缺漏，进行修改调整。这样，一个完整的版面就编排好了。

●●●●　五、实 验 注 意 事 项　●●●●

1. 娱乐新闻讲求图文并茂。因此，在设计娱乐新闻版面的时候，要注意图片和文字的比例以及两者的关系，以吸引读者眼球。以《广州日报》为例，其娱乐版的头条标题经常使用大字号、粗体字,这使其能在众多的新闻中脱颖而出,抓住读者眼球。

2. 娱乐版的图片要具有一定视觉冲击力。要多花心思进行编辑,如抠图、不规则剪裁等都是常用的图片处理方式;除此之外,还可以利用花边、边线等线饰技巧对图片进行修饰。

3. 娱乐版面的颜色比较丰富。但一般情况下,也要确定一个主色调,另外搭配其他较为协调的色彩。既不能让版面色彩太过花哨杂乱,也要注意图片的主次布局,给读者分配好视觉的"主关注点"和"次关注点"。

● ● ● ● 六、实验记录方式 ● ● ● ●

1. 保存文件。选择"文件/存文件"选项,或者使用快捷键"Ctrl＋S",或者单击图标"🖫",弹出"另存为"对话框,输入文件名(报社为方便辨认文件,其文件名一般会使用"日期＋版面名称"的格式),其他设置保持默认值,单击"保存"完成步骤。

2. 若想将.FIT 文件保存为.JPG 格式图片,操作方法分三步:

(1)选择"文件/部分发排"选项,弹出"部分发排"对话框,保存类型选择"EPS Files(＊.EPS)",在下面勾选"生成 Tiff 预显图",图像格式点选"24 位",单击"保存"。

(2)打开 Photoshop 软件,选择"文件/打开为",或使用快捷键"Alt＋Shift＋Ctrl＋O",选择所保存的.EPS 文件,在下方"打开为"内选择"EPS TIFF 预览",单击"打开",即可打开EPS 文件。

(3)选择"文件/保存为"选项,或使用快捷键"Ctrl＋S",弹出"保存为"对话框,选择所需的文件格式,单击"保存"即可。

● ● ● ● 七、实验讨论与评价 ● ● ● ●

娱乐版面要选择哪些类型的新闻图片? 在一个完整的版面中,各幅图片的面积、数量在版面中所占的比例要怎样处理呢?

● ● ● ● 八、实验报告 ● ● ● ●

1. 提交实验中生成的文件。
2. 完成实验中所讨论的问题。

● ● ● ● 九、实验思考与练习 ● ● ● ●

请利用本实验中所学的知识和技巧,尝试重现 2013 年 12 月 20 日《南方都市报》RB01版、2014 年 1 月 8 日《新快报》B05 版、2013 年 11 月 8 日《羊城晚报》B02 版这三个版面,如图8-16～图 8-18 所示(该版面电子版详见光盘),并分析这三个版面的编辑特色。在学习模仿版面编辑设计的基础上,尝试对某一娱乐版面进行创新。

图 8-16　2013 年 12 月 20 日《南方都市报》B01 版

图 8-17　2014 年 1 月 8 日《新快报》B05 版

图 8-18　2013 年 11 月 8 日《羊城晚报》B02 版

参考文献：

［1］李继伟,王秋日,张晓琳.娱乐编辑新闻之我见[J].新闻传播,2000(5).

［2］于冰.报纸娱乐版面视觉传达要素分析[J].新闻知识,2004(12).

［3］肖伟.报刊电子编辑教程[M].广州：暨南大学出版社,2006.

实验九　新闻评论版面编辑

综合运用编辑排版的技能,独立、灵活地运用方正飞腾排版系统的各项功能,深入了解新闻评论版的编辑技巧,并在此基础上进行创新。

● ● ● ● 二、实验要求与知识准备 ● ● ● ●

1.熟悉方正飞腾排版系统的排版界面,并了解菜单栏、工具条和工具箱各命令的用途。

2.灵活运用方正飞腾排版系统的排版功能,熟练掌握新闻评论版编辑的技巧。

● ● ● ● 三、实 验 器 材 ● ● ● ●

1. Windows98/2000/ME/NT/XP 中文版操作系统。

2. 方正飞腾排版系统 FIT4.0。

● ● ● ● 四、实验方法与步骤 ● ● ● ●

随着社会主义民主法治建设的推进,社会越来越提倡言论自由,新闻评论的发展也越来越壮大。在这种形势下,新闻评论版面的编辑也越来越多元化。

《南方都市报》是继《中国青年报》之后国内第二家复兴评论版的报纸,其评论呈现出版面化和显要化的特点。这不仅使其在报刊差异化的竞争中取胜,更使该报成功转型为"强势媒体"、"主流媒体"。本实验选取《南方都市报》的社论版作为范例进行讲解。

以 2014 年 1 月 2 日《南方都市报》A02 社论版(如图 9-1 所示)为例,分析此版面的主要编辑步骤(该版面电子版及练习素材详见光盘)。

(一) 版心的设置

以 2014 年 1 月 2 日《南方都市报》的 A02 社论版为例,新建一个排版文件。《南方都市报》的版面:8k;版心字体号:6 号报宋;版心大小:240mm×350mm(点选自动调整版心大小);上下左右空:10mm;栏数:5 栏;栏间距:2 字;栏宽:15 字宽(栏宽相等);行数:94 行;行距:0.25 字。

图 9-1　2014 年 1 月 2 日《南方都市报》A02 版

注：本版面画版编辑图详见光盘画版文件夹图 4。

版心设置的具体操作步骤如下：

（1）设置页面大小

选择"文件/新建"选项，或者使用快捷键"Ctrl＋N"，弹出"版面设置"对话框，页面大小选 8k。

（2）设置版心字号

单击"版心及背景格字号"按钮，弹出"改变字号"对话框，字号设置为 6 号，单击"确定"，完成字号设置。

（3）设置边空版心

单击"设置边空版心"按钮，弹出"设置边空版心"对话框，"调整页面大小"一栏默认为"自动调整页面大小"；"版心大小"一栏设置为 240mm×350mm；上下左右的"页边空"设置为 10mm；"栏数"设置为 5；勾选"栏宽相等"；"栏宽"设置为 15 字；"栏间距"设置为 2 字；"行数"设置为 94；"行距"设置为 0.25 字，单击"确定"，完成边空和版心的参数设置。

（4）进入排版界面

单击"版面设置"的"确定"按钮，进入排版界面。

（二）编辑报眉

报眉是内页版面上用来标明报纸名称、出版时间、版次、版面名称、版面编辑及美术编辑名字的位置。报眉放位于版心的上方，一般为通栏宽，高度为 3 行左右。

1. 画出版线

将光标移至标尺栏并往下拉，拉出参考线，拉至第三行的位置上，单击工具箱中的画线工具"＼"，在参考线的版心位置画出一条通栏的版线，如图 9-2 所示。

图 9-2　绘制通栏版线

在评论版这样朴素的版面中，一般只用纤细的直线区分新闻的区域，不宜使用花纹等花哨的线形。

重复上面步骤中的做法，在第一行的版心位置画出一条通栏的直线，选择"美工/线型"选项，弹出"线型"对话框，把粗细设置为 0.7 字，单击"确定"，如图 9-3 所示，完成线型参数设置。效果如图 9-4 所示。

图 9-3　设置通栏版线线型粗细为 0.7 字

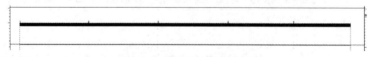

图 9-4　通栏版线效果图

2. 版号的设置

单击工具箱中的文字工具"T"，在版心的左上角键入"A02"文字并选中"A02"，选择"文字/字体号"选项，或使用快捷键"Ctrl＋F"，弹出"字体号"对话框，设置字号和字体，如图 9-5所示，单击"确定"完成操作，将"A02"字样移至合适位置。

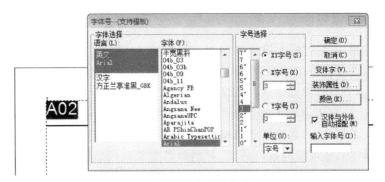

图 9-5　设置版号字体及字号

　　继续在左上角排入文字"EDITORIAL 社论"及日期,编辑、版式和校对人员的姓名等资料,并设置文字参数。"社论"二字为 4 号"大标宋",日期和编辑、版式、校对等工作人员的姓名为 7 号黑体字,效果如图 9-6 所示。

图 9-6　设置"EDITORIAL 社论"及日期、人员姓名等资料文字的字体及字号

　　3. 排入《南方都市报》的标志图片

　　选择"文件/排入图像"选项,或者单击工具条中的排入图像工具" ",或使用快捷键"Ctrl＋Shift＋D",弹出"图像排版"的对话框,如图 9-7 所示。选中所需图片,单击"排版"按钮,在页面上单击鼠标左键,将图片排入相应的位置,如图 9-8 所示。

图 9-7　图像排版窗口

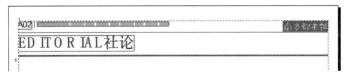

图 9-8　排入《南方都市报》的标志图片

（三）编辑头条评论

言论版编排应注重条理，有明确的刊头作为版面标志。[①] 社论、言论、读者来信等不同性质的评论可以安排在固定的版面，或固定版面上的固定位置，并以不同线条或底纹加以区分，以此帮助读者有针对性地进行阅读，加强报纸的易读性。除此之外，言论的标题、正文、标语、署名等也应有固定的格式。

在选择头条评论时，编辑需要考虑多方面的因素，既要考虑受众层面的需要，也要考虑评论内容的角度和限度等问题。另外，评论版与其他新闻版面一样，也要强调时效性，培养读者对言论的兴趣。

西方的报刊以社论作为评论版的重头戏，每天至少刊登一到两篇。这样固定的内容对于吸引报刊的忠实读者关注言论有很大的帮助。在我国，社论的版式设计和编辑原则与西方报纸相比有所不同。"《中国青年报》的《青年话题》版面就没有社论，该报的社论仍然放在一版，而且并不多见。相对而言，比较接近国外普遍做法的是《工人日报》和《南方都市报》，两者都是以署名的方式，把社论和一般评论来信放在一个版。署名文章的方式使社论分量较轻，一些生活化的话题能够进入社论的视野，既保证了每天都有社论，又更加贴近生活。"[②]

除此之外，读者在阅读新闻的同时，也希望能从中了解更多的针对该新闻做出的诠释和议论，因此针对当天报道的新闻捆绑评论应该是当天言论版的重头戏。此外，针对近期热点话题而策划的系列评论报道，跟踪焦点事件的发展而进行的连续评论，也都能够吸引读者的持续关注。

排入本头条评论正文的编辑步骤如下：

（1）选择"文件/排入文字"选项，或者使用快捷键"Ctrl＋D"，或者单击工具条中的排入文字工具"🖼"，弹出"排入文字"对话框，选中所需文章，在左下角点选"换行"，单击"排版"排入文字，如图 9-9 所示，再调整文本框大小，将所有文字排入。

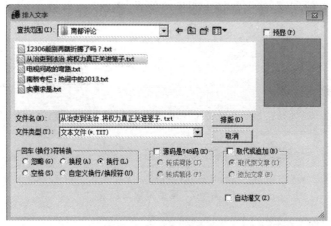

图 9-9　排入头条评论正文

①　肖伟.报刊电子编辑教程［M］.广州：暨南大学出版社，2006.

②　丁玲华，唐天啸."短、快、平"——时评版的制胜之道［J］.新闻知识，2007(6).

（2）单击工具箱中的文字工具"T"，选中文章标题，单击鼠标右键，选择"裁剪"，然后再单击鼠标右键，选择"粘贴"，将标题裁剪出来进行独立编辑，如图 9-10 所示。一般来说，头条的标题为了突出、吸引读者眼球会使用 1 号或 2 号标宋字。

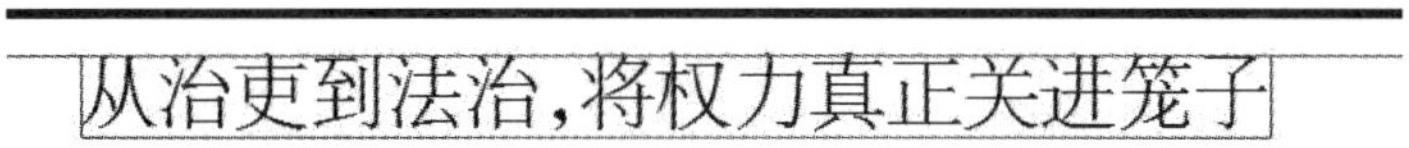

从治吏到法治，将权力真正关进笼子

图 9-10　独立编辑头条评论的标题

（3）首先，将正文内容排好，选择适当的字体、字号。评论版讲究严谨和规范，因此，新闻的正文字体多用楷体或仿宋体。这两种字体笔画纤细，柔中带刚，给人清秀悦目的感觉。另外，"社论版可适当突出严肃性和权威性的一面，如标题用字统一用小标宋、黑体，版面少用鲜艳色块，减少装饰成分等。读者来信版则可适当活跃，增加一定的装饰。"[①]

其次，制作分栏。单击工具箱中的选取工具"▶"，选中文本框，然后选择"版式/分栏/分五栏"选项，将文本框分成五栏，如图 9-11 所示。

最后，调整文本框大小，使整篇文章的排版整齐美观，最终的效果如图 9-12 所示。

图 9-11　对头条评论进行分栏

图 9-12　头条评论编排效果图

---

① 肖伟. 报刊电子编辑教程［M］. 广州：暨南大学出版社，2006.

注：在评论版中，除了报纸的主色调外，一般很少使用多余的色彩，以强调其严肃性，因此，在选择评论版的颜色时要非常谨慎，不能破坏整个评论版的风格。①但是，在评论版中，有一种颜色是不可或缺的，那就是黑色。黑色的配色方案，可以使版面趋向沉着、稳定。

（四）制作分栏标志

制作分栏标志的方法与制作"社论"栏目标志的方法基本相同，在此不作多余赘述。

（五）排入其他文章

使用与头条排版相同的操作排入其他文章，调整好位置，一个完整版面的编辑就完成了。

在"信息爆炸"的今天，意见性信息传播的"到达率"，是媒体更应追求的目标。报刊评论究竟是"分版设置"还是"专版整合"，是"栏目化生存"还是"版面化生存"，尽可以由各报自主选择。② 问题的关键在于，报刊评论这种最传统、同时也最能体现新闻报道逻辑思维和逻辑推理优势的传播子系统，应该在实际应用中以及与广播电视和网络新生媒体的相互竞争和融合中，不断探索与完善新闻评论编辑的传播效果。

● ● ● ● 五、实验注意事项 ● ● ● ●

1. 评论版的版面设计讲求简单严肃兼具条理性，因此，在设计版面的时候，要有清晰的视觉走向，告诉读者读报的顺序。

2. 评论版一般是没有图片的，简洁严谨的版面风格有时会显得比较死板。因此，编辑要把好内容关。"在评论版内容的选择上，我们要做到选题有新闻性、广泛性，视角观点要有冲突性和宽容性，以及论述要有深刻性和多样性。"③除此之外，我们也要站在读者的角度，即以平民化的视角选择新闻稿件，注意要囊括方方面面的言论，不同的矛盾观点交锋，地域性和全球性的话题并重，这样的评论版才能做到"百花齐放，百家争鸣"。

3. 在排版时要具有整版意识，编排要注意整个版面的易读性。"方便阅读的版面才能受到读者的青睐，言论版必须让读者毫不费力就可以浏览当天的重要观点，找到自己感兴趣的文章。因此相对静态的版式和适当的导读十分必要。"④

另外，评论版还可以使用很多导读手法，例如：改变重要段落的字体；摘录全文主要观点，并放置在显眼位置；用黑体字介绍新闻背景；在标题上方用彩色导读条告知读者本文关注的事件等。

● ● ● ● 六、实验记录方式 ● ● ● ●

1. 保存文件。选择"文件/存文件"选项，或者使用快捷键"Ctrl＋S"，或者单击图标"🖫"，弹出"另存为"对话框，输入文件名（报社为方便辨认文件，其文件名一般会使用"日期

---

① 肖伟. 报刊电子编辑教程［M］. 广州：暨南大学出版社，2006.
② 涂光晋. 搭建"意见平台"——我国报纸言论版的回顾与思考［J］. 国际新闻界，2007(7).
③ 肖伟. 报刊电子编辑教程［M］. 广州：暨南大学出版社，2006.
④ 丁玲华，唐天啸. "短、快、平"——时评版的制胜之道［J］. 新闻知识，2007(6).

＋版面名称"的格式),其他设置保持默认值,单击"保存"完成步骤。

2. 若想将.FIT 文件保存为.JPG 格式图片,操作方法分三步:

(1)选择"文件/部分发排"选项,弹出"部分发排"对话框,保存类型选择"EPS Files(＊.EPS)",在下面勾选"生成 Tiff 预显图",图像格式点选"24 位",单击"保存"。

(2)打开 Photoshop 软件,选择"文件/打开为",或使用快捷键"Alt＋Shift＋Ctrl＋O",选择所保存的.EPS 文件,在下方"打开为"内选择"EPS TIFF 预览",单击"打开",即可打开 EPS 文件。

(3)选择"文件/保存为"选项,或使用快捷键"Ctrl＋S",弹出"保存为"对话框,选择所需的文件格式,单击"保存"即可。

● ● ● ● ● 七、实验讨论与评价 ● ● ● ● ●

1. 如何才能使评论版的版式出彩?

2. 在读图时代,以文字为主导的评论版该如何创新? 如何在接近性和权威性的天平上取得平衡?

● ● ● ● ● 八、实验报告 ● ● ● ● ●

1. 提交实验中生成的文件。

2. 完成实验中所讨论的问题。

● ● ● ● ● 九、实验思考与练习 ● ● ● ● ●

1. 将以下两份报刊(图 9-13、图 9-14)与本实验《南方都市报》的评论版做比较,分析总结它们的共性和特性(该版面电子版详见光盘)。

图 9-13　2014 年 1 月 6 日《文汇报》05 版

图 9-14　2014 年 1 月 13 日《新京报》A03 版

2. 利用本实验中所学的知识,尝试重现 2014 年 1 月 21《中国青年报》02 版的"青年话题"社论版面,如图 9-15 所示。

图 9-15 2014 年 1 月 21 日《中国青年报》02 版

参考文献:

[1] 肖伟. 报刊电子编辑教程[M]. 广州:暨南大学出版社,2006.

[2] 涂光晋. 搭建"意见平台"——我国报纸言论版的回顾与思考[J]. 国际新闻界,2007 (7).

[3] 丁玲华,唐天啸. "短、快、平"——时评版的制胜之道[J]. 新闻知识,2007(6).

[4] 谭梦玲,董天策. 打造"思想的圆桌会议"——《南方都市报》时评版简析[J]. 新闻记者,2003(11).

实验十　专刊版面编辑

●●●●●●　一、实验目的　●●●●●

综合运用排版编辑技能,灵活运用方正飞腾排版系统的各项功能,深入了解和掌握报纸专刊版面的编辑技巧和特点,并在此基础上进行创新。

●●●●●　二、实验要求　●●●●●

1. 熟悉方正飞腾排版系统的排版界面,了解菜单栏、工具条和工具箱中各选项的用途。
2. 了解并掌握报纸专刊的编排风格及特色。

●●●●●　三、实验器材　●●●●●

1. Windows98/2000/ME/NT/XP 中文版操作系统。
2. 方正飞腾排版系统 FIT4.0。
3. Photoshop、CorelDRAW 或 Illustrator 等专业图片处理软件。

●●●●●　四、实验方法与步骤　●●●●●

报纸专刊,主要是指有别于日常新闻版和综合副刊版,针对某一方面、某一领域或某一读者群而设置的专门性版面,它可以刊发新闻,但主要以"软"新闻为主,同时也兼具副刊的某些特性,具有一定的文学性、学术性或娱乐性。

《新闻传播百科全书》对专刊下的定义为:专刊指专门性副刊,包括专题性副刊和专业性副刊两类。由此可见,专刊是在报纸副刊专栏的发展中逐渐独立出来的。从副刊专栏衍生出来的专刊有明显的定向传播功能,也就是说,它把受众市场细化了,这也是 20 世纪 90 年代报纸版面大幅扩展后所发生的明显变化。

以《南方都市报》为例,其专刊种类繁多,除经济、文体外,还有科技、生活等类别,如旅游、学习、摩登、出国、家具、创意等。这一特色也并非《南方都市报》独有,《广州日报》、《羊城晚报》、《信息时报》以及《新快报》等综合性报纸都开辟了以刊登衣食住行、饮食娱乐等行业资讯为主要内容的专刊版面。因而在报纸编辑业务方面,专刊主要体现为"满足每一类消费者的每一种需要和兴趣"。显然,相对于报纸本体而言,专刊因传播职能和读者对象不同,因而能以各自鲜明的个性和特色适应与满足不同读者的阅读需要,而这种个性和特色的定位也就直接影响了稿件的组织及版式的格局。

《新快报》逢周一出版的"时尚花生"专刊,由于板块独立成沓,又是周刊,且在做法上借鉴了杂志的版式,封面实行大图片加导读的版式。大图片经过处理后吸引眼球,风格轻松明快的引言导读则耐人寻味,整个封面简洁、大气,版内重要内容一目了然,艺术效果和视觉效果良好。

这里以 2013 年 9 月 23 日《新快报》"时尚生活"专刊中的"乐享"栏目 B Ⅱ 15 版(如图 10-1 所示)为例,分析此版编辑的主要步骤(该版面电子版及练习素材详见光盘)。

图 10-1 　 2013 年 9 月 23 日《新快报》B Ⅱ 15 版

注:本版面画版编辑图详见光盘画版文件夹图 5。

(一)版心的设置

新建一个方正飞腾的工程文件,设置版面参数如下。

版面:8k;版心大小:240mm×350mm(点选自动调整版心大小);上下左右空:10mm;版心字体号:6 号报宋;栏数:5 栏;栏间距:2 字;栏宽:15 字宽(栏宽相等);行数:100 行;行距:0.25 字。

具体操作步骤如下:

(1)设置页面大小

单击"文件/新建"选项或者使用快捷键"Ctrl＋N",弹出"版面设置"对话框,页面大小选 8k。

(2)设置版心字号

单击"版心及背景格字号"按钮,弹出"改变字号"对话框,字号设置为 6 号,单击"确定",完成字号设置。

（3）设置边空版心

单击"设置边空版心"按钮，弹出"设置边空版心"对话框，"调整页面大小"一栏默认为"自动调整页面大小"，将"版心大小"一栏设为 $240 \times 350 mm^2$，上下左右的"页边空"为10mm，"栏数"为5，接着勾选"栏宽相等"，将"栏宽"设为15字，"栏间距"为2字，"行数"为100，"行距"为0.25字，单击"确定"，完成边空和版心的参数设置。

（4）进入排版界面

单击"版面设置"的"确定"按钮，进入排版界面。

（二）编辑报眉

报眉是内页版面上用来标明报纸名称、出版时间、版次、版面名称、版面编辑及美术编辑姓名的位置。报眉一般放在版心的上方，做成通栏，便于读者检索。对于专刊来说，栏目的标识一般都排放在报眉处，如这一期的"FASHION WEEKLY 时尚花生"乐享栏目的标识就是排放在报眉处。

本版的报眉编辑步骤具体如下。

1. 画出版线

将光标移至标尺栏并往下拉，拉出参考线，拉至第三行的位置上，单击工具箱中的画线工具"＼"，在参考线的版心位置画出一条通栏的版线。选择"美工/线型"选项，弹出"线型"对话框，把粗细设置为0.7字，单击"确定"，如图10-2所示。

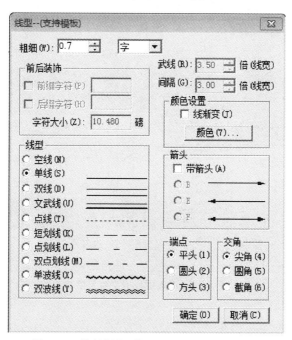

图 10-2 绘制版线，并设置线型粗细为 0.7 字

重复上述步骤中的做法，在刚画出的版线左侧重叠画出一条较短的直线，把线型粗细设置为0.5字，颜色设置为棕色，如图10-3所示，完成参数设置，最后效果如图10-4所示。

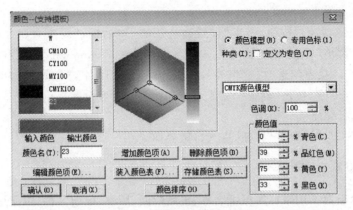

图 10-3　设置直线颜色为棕色

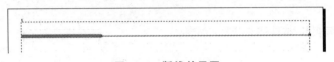

图 10-4　版线效果图

2. 版号的设置

单击工具箱中的文字工具"T",在版心的左上角键入"BⅡ15"文字并选中,然后选择"文字/字体号"选项,或使用快捷键"Ctrl＋F",设置字号和字体,如图 10-5 所示,单击"确定",完成操作。

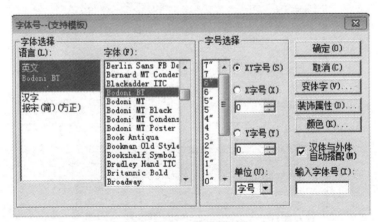

图 10-5　设置版号的字号及字体

3. 排入《新快报》的标识图片

选择"文件/排入图像"选项,或单击工具条中的排入图像工具"▣",或使用快捷键"Ctrl＋Shift＋D",弹出"图像排版"的对话框,选中所需图片,在页面上单击"排版"按钮,在页面上单击鼠标左键,将图片排入相应的位置,如图 10-6 所示。

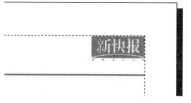

图 10-6 排入《新快报》的标识图片

（三）设计专题 LOGO

专题的 LOGO 对专题起着画龙点睛的作用，如本专题的 LOGO，"FASHION WEEK-LY 时尚花生"在字体上做了些"小花样"，通过改变字号、字体及颜色，使 LOGO 也富有了层次感，而栏目"乐享"的 LOGO 则运用形状修饰，整体而言既简单又时尚，如图 10-7 所示。

图 10-7 设计栏目标志

（四）设计版面

1. 确定标题位置

就像新闻版运用大标题推出重大新闻一样，专刊也可以用大标题向读者推荐重要篇目。《新快报》在版式设计上喜欢使用大标题，这一版面的标题"翻糖 Fun 出新花样"就以竖栏的形式占据了半个版面栏，还加入了一些图案与文字设计，显得活泼生动。将文字改成竖排具体操作步骤为：选中所需文字，单击工具条中的反向竖排工具"▥"，然后将文字移至适当位置即可，如图 10-8 所示。

图 10-8 将标题文字改成竖排方向

注：第一，工具条中的"圖圓圓圖"四种功能键都是用于改变文字方向的，依次代表"正向横排"、"正向竖排"、"反向横排"、和"反向竖排"。

第二，标题与报眉留有3个字的行间距离。

2. 选取主图并确定摆放位置

由于印刷技术的改进，自20世纪90年代始，图片在报纸版面上所占的比重逐渐加大。

随着"读图时代"的来临，图片已从过去简单的新闻形式和版面美化手段，上升为争取读者关注度、增强版面视觉效果的一大要素。在这种情况下，一些报纸开始使用大图片架构版面，《新快报》也不例外。本版的主图是编辑从七张图片中挑选出来的，主图在原有图片的基础上适当加以放大，以区别其他配图。使用醒目的大图片，可加大视觉冲击力，起吸引读者的作用。通常，挑选的主图所含的信息量是比较大的，但同时也不能忽视其视觉效果。

在此基础上，为使图片摆放更加灵活多变，本版还对主图进行了"图像勾边"处理：选中所需图片，选择"美工/图像勾边"选项，选中"裁图"按钮，如图10-9所示，对图片进行图像勾边操作；再选择工具条中的图像裁剪工具"✄"，对图像的相关节点进行调整，裁剪掉多余的部分，选择"美工/空线"选项，可去掉裁剪后图像的轮廓线，如图10-10所示。

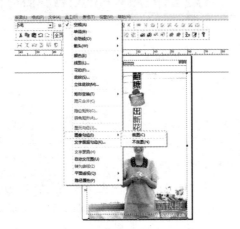

图 10-9 对主图进行"图像勾边"处理

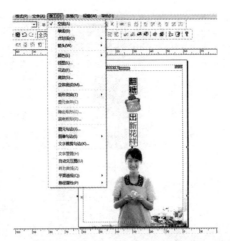

图 10-10 选择"美工/空线"选项可去掉裁剪后图像的轮廓线

3．模块版式的运用

所谓模块版式，就是由一些矩形板块组成的报版。这些矩形板块可以是单独成篇的新闻报道，也可以是由一篇长篇新闻的分割体，通过线条切割或兜框，形成独立而又有机的整体。

根据稿件内容，将本版面分成左右两个模块。左边是导语及"翻糖制作步骤"，右边是两篇有关翻糖店的采访，左右两个模块用标题及主图人物隔开，看起来版式醒目，内容一目了然，方便读者阅读。显而易见，模块板式是版面编辑把长稿"拆零"了，即将长稿分成若干个部分，每个部分都像一篇小稿件似的。

模块版式讲究的是，版面在视觉及编排风格上鲜明。本版面借用标题及主图进行分割，因而即使整个版面看起来错落有致，同时也增强了版面的层次感和立体感，是专刊编排杂志化的一个体现。

4．编排稿件

（1）编排导语

编排稿件时，首先是排放好导语的位置，然后为导语选择合适的字体字号，以区别正文内容，本版面的导语除在字体上与正文区别外，还用一个圆角矩形色块来隔开正文的内容。具体操作步骤如下：

① 单击工具箱中的圆角矩形工具"▢"，画出一个圆角矩形框，单击鼠标右键，选择"美工/线型"选项，将线型设置为"空线"，如图 10-11 所示，单击"确定"，完成线型参数设置。

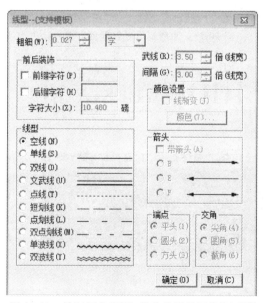

图 10-11　绘制圆角矩形，并将线型设置为"空线"

② 选择"美工/底纹"选项，弹出"底纹"对话框，设置为"单一"，如图 10-12 所示；然后选择"颜色设置"，将颜色设为红色，如图 10-13 所示；最后的导语效果如图 10-14 所示。

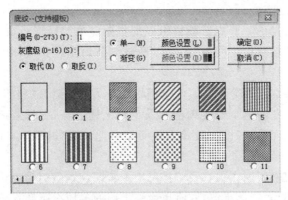

图 10-12　将圆角矩形的底纹设置为单一

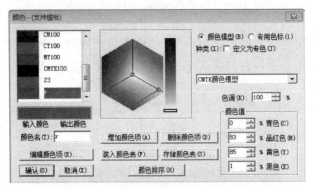

图 10-13　圆角矩形底纹颜色设置为红色

图 10-14　导语效果图

（2）排入文字

根据各栏目的内容排入文字,导语通常不分栏,本版面的稿件编排也分别呈现出一栏或两栏的形式,根据版面作适当调整即可。

（3）制作步骤标识

翻糖制作流程下的 5 个小标识分别对应制作步骤,如果只是在图片前面加上 1～5 等序号,会让人觉得乏味,而在图片边角的位置加上一些边框标识,则既可让版面元素丰富起来,也可让人一目了然。

① 单击工具箱中的画椭圆工具"◯"，按住 Shift 键，画出一个正圆；选择"美工/线型"选项，设置线型为"无线"；再选择"美工/底纹"选项，弹出"底纹"对话框，选择序号为 1 的红色底纹；单击画多边形工具"↘"，在圆形底部勾画出一个三角形，所设置的线型及底纹等参数与圆形一致。完成设置后，如图 10-15 所示。

图 10-15　绘制椭圆，并在椭圆形底部勾画出一个三角形

② 单击工具箱中的画矩形工具"▢"，画出一个矩形框；然后选择"美工/线型"选项，设置线型为"空线"，底纹为"单一白色"。效果如图 10-16 所示。

图 10-16　绘制矩形工具并设置线型为"空线"，底纹为"单一白色"

③ 在白色矩形边框内添加序号。单击工具箱中的文字工具"Ｔ"，在适当位置输入"step"及相应数字序号；选择"文字/字体号"设置完成字体、字号等选项。最后效果如图 10-17 所示。

图 10-17　步骤标识效果图

注：其余步骤的标识可直接复制步骤1图，替换边框中的序号即可。

(五)"查漏补缺"

为达到整体的审美效果，要进一步调整版面图像、文字块大小、标题安排以及线框粗细。因而，"查漏补缺"在这时显得尤为重要，如图像分布是否适宜、文字块是否对齐、字体字号是否正确以及是否加图都能影响报纸专刊版面的整体效果，甚至是一份报纸的综合实力。即使看似微不足道的细节，也不容忽视。

本版面的最终效果图如图 10-18 所示。

图 10-18　版面效果图

●●●●● 五、实验注意事项 ●●●●●

1. 由于报纸专刊采用软型新闻杂志的定位，因而在编排专刊版面时，要灵活运用点、线、图片、字体字号等，大胆发挥它们在分割、装饰、美化上的作用。妙方有二：一是采取"点线间隔，点线相连，线条浓淡交替"的方法；二是灵活运用多种组版形式，突出设计主题。

2. 专刊中专题版式的设计通常具有一定的连贯性，即同一专题的不同版面可使用统一的设计版式。

3. 随着报刊进入"读图时代"，受众要求的是"秀"及"呈现"，而非费劲的阅读或思考。大图、大标题甚至是模块版式，能在极短的时间内满足读者的信息需求，因而能够较好地靠近受众。

4. 专刊的版式应该富于变化,切忌期期一幅"老面孔",同时也要讲究专刊版面的艺术性。字体字号、图片、色彩、线条、底纹等元素在版面中只有统筹协调,才能达到"1＋1＞2"的效果。如果将这些元素简单地叠加、排列、铺陈,或靠单元素地追求标新立异,就会走入误区。

● ● ● ● ● 六、实验记录方式 ● ● ● ● ●

1. 保存文件。选择"文件/存文件"选项,或者使用快捷键"Ctrl＋S",或者单击图标"💾",弹出"另存为"对话框,输入文件名(报社为方便辨认文件,其文件名一般会使用"日期＋版面名称"的格式),其他设置保持默认值,单击"保存"完成步骤。

2. 若想将.FIT 文件保存为.JPG 格式图片,操作方法分三步:

(1)选择"文件/部分发排"选项,弹出"部分发排"对话框,保存类型选择"EPS Files(＊.EPS)",在下面勾选"生成 Tiff 预显图",图像格式点选"24 位",单击"保存"。

(2)打开 Photoshop 软件,选择"文件/打开为",或使用快捷键"Alt＋Shift＋Ctrl＋O",选择所保存的.EPS 文件,在下方"打开为"内选择"EPS TIFF 预览",单击"打开",即可打开 EPS 文件。

(3)选择"文件/保存为"选项,或使用快捷键"Ctrl＋S",弹出"保存为"对话框,选择所需的文件格式,单击"保存"即可。

● ● ● ● ● 七、实验讨论与评价 ● ● ● ● ●

1. 专刊发展的趋势是什么,它的最终落脚点在何处?

2. 专刊版式设计模块化,等于把长篇稿件"拆零"了,此举除了方便阅读,还有什么功能?

3. 时下大多数专刊都定位为软型新闻杂志,在编排风格上也更为自由且有个性,这是否意味着版面编辑在编排版面时可以少与文字编辑沟通?

● ● ● ● ● 八、实验报告 ● ● ● ● ●

1. 提交实验中生成的文件。

2. 完成实验中所讨论的问题。

● ● ● ● ● 九、实验思考与练习 ● ● ● ● ●

请利用本实验中所学的知识,尝试重现 2013 年 2 月 25 日《新快报》"时尚生活·乐享"栏目 BII16 版,如图 10-19 所示(该版面电子版详见光盘)。

图 10-19　2013 年 2 月 25 日《新快报》BII16 版

参考文献：

[1] 顾晓宇. 略论报纸专刊的结构艺术[J]. 苏州大学学报（哲学社会科学版），2000
(1).

[2] 陈礼荣.优势配置：报纸专刊专版特色定位的支点与基石[J].新闻前哨,1997(1).

[3] 戴晓蓉. 我国综合性报纸服务类专刊（版）研究[D].广州：暨南大学新闻与传播学
院,2005.

[4] 田建平.当代报纸副刊研究[M].石家庄：河北大学出版社,2006.

实验十一　副刊版面编辑

●●●●　一、实验目的　●●●●

综合运用排版编辑的技能,独立、灵活地运用方正飞腾排版系统的各项功能,深入了解和掌握报纸副刊版面编辑的技巧及特点,并在此基础上进行创新。

●●●●　二、实验要求　●●●●

1. 深入了解并掌握方正飞腾排版系统菜单栏、工具栏和工具条中各选项的用途。

2. 灵活运用方正飞腾排版系统的排版功能,熟练地掌握稿件编辑、标题编辑、图片编辑及版面编辑等技巧。

3. 了解并掌握副刊版面编辑的技巧及原则。

●●●●　三、实验器材　●●●●

1. Windows98/2000/ME/NT/XP 中文版操作系统。

2. 方正飞腾排版系统 FIT4.0。

3. Photoshop、CorelDRAW 或 Illustrator 等专业图片处理软件。

●●●●　四、实验方法与步骤　●●●●

我国报纸副刊起源于最初的带有补白性质的诗文。副刊发展到今天,花样纷呈,品类较多,大致可分为综合性副刊、专题性副刊、专业性副刊、临时性副刊等。综合性副刊,包括杂文、文艺作品、文艺评论、文史小品、科普小品等,并以文艺为主。[①] 本实验所指的是综合性副刊,也就是以偏文艺类的综合副刊为例进行版面编辑。

在报界,素有"新闻迎客、副刊留客"的说法,这是对报纸不同版块不同功能定位的广泛认识。作为报纸的一个组成部分,副刊只有顺应时代潮流及满足不同读者的阅读需求,在危机中不断创新,才能永葆生命的活力。

副刊的价值在于文字,但整体版面的编辑也不容忽视。副刊只有在第一时间吸引读者的眼球,读者才有可能详细地阅读各个篇章。副刊版面多以文字为主,插图只是作为一种搭配。

---

① 徐登明.坚持"三贴近"是办好党报副刊的关键——从市、州党报的副刊出版谈党报的新闻改革[J].中国出版,2003(7).

这里以 2014 年 1 月 10 日《羊城晚报》B03 副刊版（如图 11-1 所示）为例，讲解副刊版面的编辑技巧（该版面电子版及练习素材详见光盘）。

图 11-1　2014 年 1 月 10 日《羊城晚报》B03 版

注：本版面画版编辑图详见光盘画版文件夹图 6。

（一）编辑版心

本版版心制作的具体操作步骤如下：

（1）设置页面大小

选择"文件/新建"选项或使用快捷键"Ctrl＋N"，弹出"版面设置"对话框，页面大小选 4k。

（2）设置版心字号

单击"版心及背景格字号"按钮，弹出"改变字号"对话框，字号设置为 6 号，单击"确定"，完成字号设置。

（3）设置边空版心

单击"设置边空版心"按钮，弹出"设置边空版心"对话框，将"调整页面大小"一栏默认为"自动调整页面大小"，"版心大小"一栏设置为 350mm×500mm，上下左右的"页边空"设置为 10mm，"栏数"设置为 6，勾选"栏宽相等"，将"栏宽"设置为 16 字，"栏间距"设置为 1 字，"行数"设置为 143，"行距"设置为 0.25 字，单击"确定"，完成边空和版心的参数设置。

（4）进入排版界面

单击"版面设置"的"确定"按钮，进入排版界面。

（二）编辑报眉

报眉是内页版面上用来标明报纸名称、出版时间、版次、版面名称、版面编辑及美术编辑姓名的位置。报眉放在版心的上方，一般为通栏宽，高度为 3 行左右。

本版报眉制作的具体操作如下：

（1）编辑《羊城晚报》标志

将光标移至标尺栏往下拉，拉出参考线，拉至第三行的位置上，单击工具栏上的画线工具"\\"，在参考线的版心位置划出一条通 5 栏的版线，如图 11-2 所示。

图 11-2　绘制通 5 栏版线

选择"文件/排入图像"选项，弹出"图像排版"的对话框，选中所需图片，单击"排版"选项，单击鼠标左键，将图片排入相应的位置，如图 11-3 所示。

图 11-3　排入《羊城晚报》标志

（2）编辑文字

单击工具栏的文字工具"**T**"，在版心的左上角键入"花地"栏目名称并选中，选择"文字/字体号"选项，或使用快捷键"Ctrl＋T"设置字号和字体，单击"确定"，完成操作。最后，将文字移至合适位置，如图 11-4 所示。

图 11-4　编辑"花地"栏目名称

重复上一步，输入日期、责任编辑及美编等编辑人员的姓名及版面名称，"花地"二字为 2 号粗黑体，编辑人员姓名为 6 号黑体，版面名为 0 号黑正体，效果如图 11-5 所示。

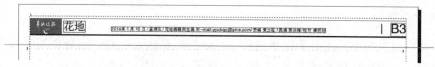

图 11-5　设置日期、责任编辑及美编等编辑人员的姓名及版面名称的字体及字号

（三）编辑头条

创办香港《明报》的查良镛先生曾写下"副刊之五字真言"——短、趣、近、物、图。"短"是指文字应短,简洁,不宜引经据典,不尚咬文嚼字。"趣"是指新奇有趣,轻松活泼。"近"是指时间之近,接近新闻,三十年前亦可用,三十年后亦可用者不欢迎;空间之近,地域上接近香港,文化上接近中国读者。"物"是指言之有物,讲述一段故事,一件事务,令人读之有所得。大得小得,均无不可;一无所得,未免差劲。"图"是指图片,照片,漫画,均图片也,文字生动,有戏剧舞台感,亦广义之图。①

这五字真言,对于今天的副刊编辑来说,仍然有用。特别是在选择文章时要注意"短"——在传统观念中,副刊总是以文学副刊为正统,这决定了小说、散文、杂文、诗歌、报告文学、文艺评论等在副刊中的主流文体地位;而在当今"快餐文化"的社会里,副刊中最受宠的文体莫过于随笔,这也是应"短"之要求。文章虽短,但副刊给人以心理上审美的愉悦和艺术的享受功能不可减弱,须做到以情动人、以情感人,潜移默化地影响读者。

本实验所选的副刊头条文章是《逝去的庙,流浪的心》。这是一篇高中课堂作文,主要表达了作者对家乡祖庙的热爱,同时也站在更高的角度去思考作为文化载体的古建筑在未来的去留问题。比起一些生活琐事的随笔,本篇能带给读者更多的思考,所以选择作为头条。此外,还加入了"教师点评"及"专家点评"的部分,使整篇文章的层次与深度更加饱满。

编辑头条的具体操作步骤如下:

（1）排入图片

选择"文件/排入图像"选项,或者单击菜单栏中的"图",或使用快捷键"Ctrl＋Shift＋D",弹出"排入图片"对话框,选中所需的图片,单击"排版"按钮将图片排入相应的位置,然后调整图片的位置,使其如图 11-6 所示。

图 11-6　排入头条图片

---

①　金庸.金庸办报纸副刊"五字真言":短、趣、近、物、图[N].羊城晚报,2009 年 3 月 2 日.

（2）排入文字

选择"文件/排入文字"选项，或者使用快捷键"Ctrl＋D"，或单击菜单栏中的排入文字工具"🖼"，弹出"排入文字"对话框，选中所需文章，在左下角点选"换行"，单击"排版"按钮排入文字，调整文本框大小，排入所有文字。

单击工具栏中的文字工具"T"，选中文章标题，单击鼠标右键，选择"裁剪"，再单击鼠标右键，选择"粘贴"，将标题、文章材料裁剪出来独立编辑，设置完成字体及字号。标题还需要进行"变字体"设置，鼠标选中文字"逝去的庙"，单击鼠标右键，选择"变字体"选项，设置"立体"及"勾边"效果，如图 11-7 所示。标题的最后效果如图 11-8 所示。

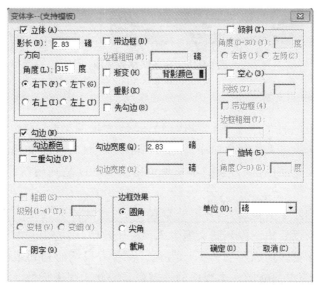

图 11-7　对头条标题"逝去的庙"进行变体字设置，勾选"立体"及"勾边"效果

图 11-8　头条标题效果

对头条文章中的文字及图片进行编排，使其呈现出环绕效果。具体操作步骤为：单击文本框并按住"Shift"键调整文本框大小，多次重复该步骤即可让文本框呈现出"锯齿状"的效果，如图 11-9 所示。

图 11-9　调整文本框与图片的位置

头条文章的最终效果图如图 11-10 所示。

图 11-10　头条文章效果图

（四）编辑中间栏的文章

一位研究地方报的日本学者讲，"身边消息是地方报的生命，身边消息是地方报的原点。"副刊如何更好地走进人们的生活中，塑造具有地方区域特色的文化品格，提升浸染着浓郁乡土民风的大众文化品位，值得我们不断地进行探索。这是利用新闻接近性吸引读者的一种形式。

本实验所选副刊除了头条以外，还有三篇随笔、一则短诗歌以及一篇文化新闻稿件，文章内容多是小故事及读后感。副刊图文编辑无须过于花哨，因为副刊最大的价值在于文字，编辑图文的时候应该更多地以不妨碍阅读为主。在各大报纸的副刊版面上，更多的是方块形的文字编辑，加上简单的插图。本版面的编辑也是按此原则进行的。另外，结合头条图案的风格，其余几篇文章每一篇都有栏目标识作为点缀，起到一种"点睛"的效果。

《这是幸福》、《谁是最懂你的人》、《十八岁的天空》和《杰·亚伯拉罕深圳签售》四篇文章的排版与头条操作基本相似，在此不做赘述。

《大英博物馆简史》和《蒋勋说文学》两篇的排版也与头版排版相似。需要说明的是，文章里面图片的排版操作为：排入文字和图片，定好两者的位置，同时选中文本框和图片，选择"版面/图文互斥"选项，弹出"图文互斥"对话框，点选"图文相关"一栏，单击"确定"完成操作。或者选中文本框，按住"Shift"键，光标移到文本框与图片重叠的右上角，当光标变成双箭头时，斜向下将光标拉至图片的左下角，即可将图片嵌入文章中。效果如图 11-11 所示。

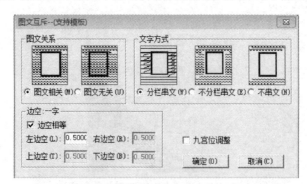

图 11-11　设置图文互斥选项，将图片嵌入文章中

整体效果如图 11-12 所示。

图 11-12　图片嵌入文章效果图

《蒋勋说文学》的操作基本相似。制作完成后,在两篇文章中间的位置画出一条分割线,具体操作步骤为:

(1)将光标移至标尺栏往下拉,拉出参考线,拉至两篇文章中间的位置,单击工具栏中的画线工具"╲",在参考线的版心位置划出一条通 2 栏的直线,选择菜单栏中的"美工/线型"选项,设置线型为"点线"。如图 11-13 所示。

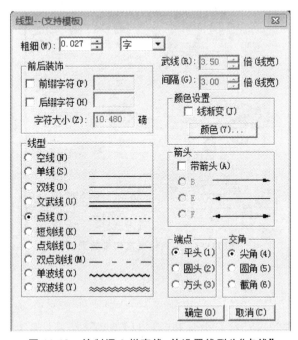

图 11-13　绘制通 2 栏直线,并设置线型为"点线"

(2)再次单击工具栏上的画线工具"╲",画出水平和垂直的两条直线,分别置于栏目的上方和右方,用于与其他栏目区分,如图 11-14 所示。

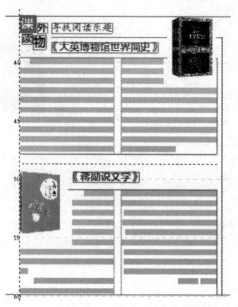

图 11-14　绘制水平和垂直的两条直线隔开相邻稿件

（3）完成以上步骤，中间栏的文章就排好了，最终效果如图 11-15 所示。

图 11-15　中间栏文章编排效果图

（五）编辑底栏的文章

《羊城晚报》的副刊"花地"有一个常开的栏目，就是登载一些长篇小说或书籍中的精彩篇章。许多优秀的连载作品以其强烈的悬念或现实性，深深地吸引着读者。为突出这个专栏，也为了在视觉注意力较低的区域尽可能地吸引读者的注意，因此在有限的空间内，应利用亮丽的颜色作为边框，使内容得到突出。

底栏文章编辑的具体操作步骤如下：

（1）置入底图

单击"文件/排入图像"选项，或者单击菜单栏的排入图像工具"圖"，或使用快捷键"Ctrl+Shift+D"，弹出"图片排版"对话框，选中所需的两幅图片，单击"排入"按钮，将两幅图片排入，然后调整图片的位置，如图11-16所示。

图11-16　置入底图

（2）置入文字背景模块

单击工具栏中的画矩形工具"□"，画出一个矩形框。单击鼠标右键，选择"线型"选项，将线型设置为"空线"，选择"美工/底纹"选项，弹出"底纹"对话框，选择"单一"选项，将颜色设为白色。单击右键复制矩形色块，将得到的两个矩形分别放置于底图上。效果如图11-17所示。

图11-17　置入文字背景模块

若底纹选择"取反"，则衬底图片与矩形框产生重叠，效果如图11-18所示。

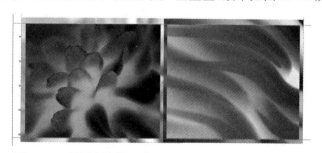

图11-18　设置底纹"取反"，使衬底图片与矩形框产生重叠

（3）标志设置

单击工具箱中的多边形工具，在版面某一位置点按鼠标左键，确定四边形的第一个节

点;确定好其他三个节点的位置后,在第一个节点处单击鼠标左键结束作图,若需要对所画图形进行修改,可选择选取工具"",选中节点进行节点位置的调整,并修改图形的底纹参数设置,将颜色设为黑色。

单击工具栏的文字工具"T",键入"B3",单击"文字/字体号"选项,或使用快捷键"Ctrl+T"对文字的字体及字号进行设置,然后调整四边形与文字的位置,制作完成的标志效果如图 11-19 所示。

(4) 排入相关图片及文字,初步调整图文位置(如图 11-20 所示)。

图 11-19　标志效果图

图 11-20　底栏文章效果图

完成以上操作,整个副刊版的排版就完成了。

●●●●　五、实验注意事项　●●●●

1. 一个文艺副刊,优美的随笔散文会让读者爱不释手,临到结尾,如果突然冒出不雅的医药小广告等,实在是大煞风景。从长远的栏目品牌发展来讲,副刊必须保持版面的纯洁性。

2. 副刊所选择的图片要具有表现主题的作用,并且要注意版面色彩的搭配。

●●●●　六、实验记录方式　●●●●

1. 保存文件。选择"文件/存文件"选项,或者使用快捷键"Ctrl+S",或者单击图标"💾",弹出"另存为"对话框,输入文件名(报社为方便辨认文件,其文件名一般会使用"日期+版面名称"的格式),其他设置保持默认值,单击"保存"完成步骤。

2. 若想将.FIT 文件保存为.JPG 格式图片,操作方法分三步:

(1) 选择"文件/部分发排"选项,弹出"部分发排"对话框,保存类型选择"EPS Files(＊. EPS)",在下面勾选"生成 Tiff 预显图",图像格式点选"24 位",单击"保存"。

(2) 打开 Photoshop 软件,选择"文件/打开为",或使用快捷键"Alt＋Shift＋Ctrl＋O", 选择所保存的.EPS 文件,在下方"打开为"内选择"EPS TIFF 预览",单击"打开",即可打开 EPS 文件。

(3) 选择"文件/保存为"选项,或使用快捷键"Ctrl＋S",弹出"保存为"对话框,选择所需 的文件格式,单击"保存"即可。

●●●● 七、实 验 讨 论 与 评 价 ●●●

1. 通过学习各种报纸的副刊版面编辑,分析如何挑选文章的内容。

2. 思考如何在有限的版面空间里为副刊的大量文字搭配上"点睛"的插图,并分析所运 用的各种技巧。

●●●● 八、实 验 报 告 ●●●

1. 提交实验中生成的文件。

2. 完成实验中所讨论的问题。

●●●● 九、实 验 思 考 与 练 习 ●●●

请利用本实验所学的知识,尝试重现 2014 年 1 月 1 日《羊城晚报》B05 版、2013 年 12 月 25 日《深圳商报》C01 版、2013 年 8 月 21 日《新快报》B17 大道文化副刊这三个版面,如图 11- 21～图 11-23 所示(该版面电子版详见光盘),并比较分析这些版面不同的编辑特色。

图 11-21　2014 年 1 月 1 日《羊城晚报》B05 版

图 11-22　2013 年 12 月 25 日《深圳商报》C01 版

图 11-23　2013 年 8 月 21 日《新快报》B17 大道文化副刊

表 11-1 方正飞腾常用快捷键

快捷键	用 途	快捷键	用 途
文件菜单			
Ctrl＋N	新建文件	Ctrl＋O	打开文件
Ctrl＋S	保存文件	Ctrl＋D	排入文字
Ctrl＋P	发排	Ctrl＋Shift＋D	排入图片
Alt＋F＋R	放弃修改		
编辑菜单			
Ctrl＋Z	撤销(最多撤销五步)	Ctrl＋C	复制
Ctrl＋X	剪切	Ctrl＋V	粘贴
Ctrl＋Q	切换箭头和文字工具	Del	删除
Ctrl＋A	全选(选择光标所在文字块中所有文字)		
显示菜单			
Ctrl＋0	默认大小	Ctrl＋1	实际大小
Ctrl＋W	全页显示	Ctrl＋Shift＋5	25％
Ctrl＋5	50％	Ctrl＋7	75％
Ctrl＋6	150％	Ctrl＋2	200％
Ctrl＋4	400％	Ctrl＋E	翻页
Shift＋F2	图不显示	F5	刷新
F12	终止刷新		
版面菜单			
Ctrl＋B	分栏	F3	块锁定
F4	块合并	F7	块参数
Shift＋F4	块分离		
格式菜单			
Ctrl＋L	居左	Ctrl＋I	居中
Ctrl＋R	居右	Ctrl＋U	纵向调整
Ctrl＋K	改行宽	F9	形成标题
文字属性菜单			
Ctrl＋F	字体号	Ctrl＋H	变体字
Ctrl＋J	行距	Ctrl＋M	字距
结束编辑			
Ctrl＋F4	关闭当前编辑的文件(回到灰底状态)	Alt＋F4	退出飞腾

表 11-2　方正飞腾工具箱常用工具附录

图　标	名　称	功　能	图　标	名　称	功　能
	选取	选择对象		旋转与变倍	对图文进行旋转、倾斜及变倍操作
	缩放	改变显示比例		文字	输入及选取文字
	图像裁剪	裁剪图像大小		排入文字	排入文字块
	连接	常用于文字排版时连接两个文字块		解除连接	解除文字块间的连接
	直线	绘制线条		矩形	绘制矩形
	圆角矩形	绘制圆角矩形		椭圆形	绘制椭圆
	菱形	绘制菱形		多边形	绘制多边形或折线
	贝赛尔曲线	绘制曲线		表格	绘制表格

注：第一，选择选取工具时，按住 Shift 键或者拖框选取时可进行多选。

第二，旋转与变倍工具在旋转时可改变对象的旋转中心。

第三，缩放工具的默认状态为增大比例，选中并使用 Ctrl 键则变为缩小比例状态。

第四，选择直线工具，按住 Shift 键可绘制出水平、垂直或 45°的线段。

第五，按住 Shift 键并选择相应的图形工具，可得到正 N 边形，用选取工具选中后会出现 8 个节点，可改变图形大小。

第六，长按画多边形工具可选择绘制正五边形或正六边形或正八边形，长按圆角矩形工具可绘制内圆角矩形。

第七，设置圆角矩形的属性时，"四角连动"选项表示改变一个角的同时，其他角也相应改变；"宽高相等"选项表示圆角 X 轴方向与 Y 轴方向的绝对长度相等。

第八，绘制表格时可用橡皮工具擦去错误的表格线。

附：

为方便学习者了解方正飞腾 5.0 版本，本书把与报纸版面编辑关系密切的新增功能罗列如下。

1. 兼容性增强

支持排入 WORD、EXCEL、TIF 和 PDF 等常用文件格式及 EPS、PSD、TIF、BMP、JPG 和 GIF 等图像文件，并自动识别出 PSD、TIF 和 JPG 中的裁剪路径。

2. 支持输出 PDF 和 PS 等格式的文件

版面可输出为多种格式的文件，包括 PS、PDF、JPG、EPS、TXT 和 CSV 的文件。

3. 文字排版优势

（1）提供自动"英文/数字全角转半角"和"过滤段前/后空格"选项，减少对英文、数字及空格的处理。

（2）可直接在图形内排入文字。按住快捷键"Ctrl＋Alt"将文字工具点选到图形框内，可直接输入文字。

（3）文字块处理更加方便，只需双击文字块即能使文本框适应文字内容，双击分栏的文字块可让多栏文字底端自动拉平，使用快捷键"Shift"键，可形成直边不规则文字块。

（4）新增文字样式与段落样式，可保存样式设置进行反复使用。

（5）新增勾边、空心、立体、阴影等文字效果，可制作装饰字及设置通字底纹。

（6）可设置以"字"为单位进行排版。

4. 图形、图像效果

（1）新增阴影、羽化及透明效果，适用于文字、图形及图像编辑设置。

（2）新增"图像勾边"及"图像去背"功能退去图像背景，使图片编辑更加快捷。

（3）新增"裁剪图像"功能，可使图形直接对图像进行裁剪。

（4）可在图形或文字块内导入背景图，包括居中、平铺、拉伸和等比例缩放等背景图铺设类型，还可以设置背景图混合模式及透明度。

（5）新增素材库，默认储存大量素材图像，共 16 大类 1100 多种矢量图，为排版提供丰富元素。

5. 书刊排版功能

支持多主页排版，并增加提取目录功能，满足书刊章节的不同需要。

第二部分

杂志电子编辑

本部分实验

基于InDesign CS5排版系统下的杂志版面电子编辑

实验十二　杂志版面环境设置

●●●● 一、实验目的 ●●●●

　　熟练掌握 InDesign CS5 环境设置的步骤，能根据不同的杂志类型，通过环境变量的变换来设置不同版面的一系列参数。

●●●● 二、实验要求与知识准备 ●●●●

1. 熟练掌握 InDesign CS5 版面环境设置的步骤。
2. 了解不同的编辑方针及风格定位下，不同杂志版面所设定的环境参数。
3. 了解版面设置与编辑方针之间的关系。

●●●● 三、实验场地与器材 ●●●●

1. Windows XP/SP2/SP3/Windows Vista/Windows 7 中文版操作系统。
2. InDesign CS5 排版系统。

●●●● 四、实验方法与步骤 ●●●●

(一) 启动 InDesign CS5

　　在"开始"菜单中找到 InDesign CS5 软件，使用鼠标双击，系统将直接进入到"版面设置"窗口。在此窗口中，左侧可以选择打开最近使用的项目，右侧则可以新建项目，如图 12-1 所示。选择"新建"选项，可以对"页面"、"页数设置"、"装订次序"、"出血位"、"边距分栏"、"版面网格对话框"等参数进行设置。设置完成后，按"回车"键或单击"确定"按钮，出现主窗口，如图 12-2 所示。

图 12-1　InDesign CS5 版面设置窗口

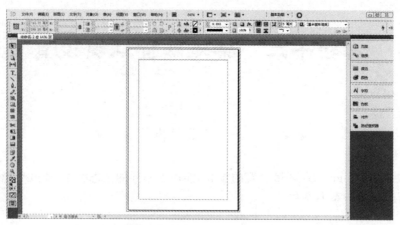

图 12-2　InDesign CS5 主窗口

InDesign CS5 的操作界面包括以下几个主要的功能区,如图 12-3 所示。

(1) 菜单栏:列出了 InDesign CS5 软件中的菜单。

(2) 工具箱:列出了 InDesign CS5 中使用的工具。

(3) 页面区:显示 InDesign CS5 的排版区,包括文字、图元和图像等对象。

(4) 页标识:显示 InDesign CS5 的页码。

(5) 工具条:列出了 InDesign CS5 菜单命令的快捷方式。

(6) 辅助版:相当于草稿纸的作用。

(7) 泊槽:用来组织和存放面板。

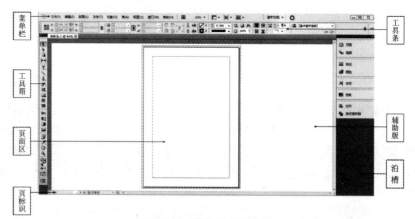

图 12-3　主窗口功能分区

(二) 版面设置

在"文件"菜单中选择"文档设置"命令项,系统弹出版面设置窗口,在此对话框中可以进行两种版面设置:页面设置、出血位设置,如图 12-4 所示。选择"版面"菜单还可以对"版面网格"、"边距和分栏"进行设置。

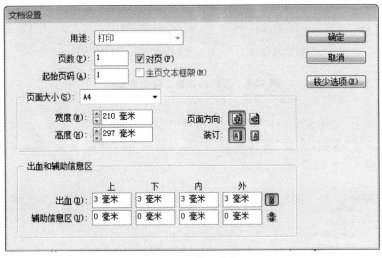

图 12-4　文档设置窗口

1．页面的基本设置

单击"页面大小"右侧的下拉列表，在此列表中可以选择适当标准的页面设置，其中有 A3、A4、信纸等一系列固定页面尺寸。也可由用户自己输入自定义的宽度与高度数值。具体操作是在此下拉列表中选中"自定页面大小"选项，接着在下面的"宽度"和"高度"编辑框内输入自定义值。例如，《南方人物周刊》的页面大小为 $210 \times 285 \mathrm{mm}^2$，即可通过输入相应数值进行设定，如图 12-5 所示。

图 12-5　页面大小设置窗口

注："页面大小"代表页面外出血和其他标记被裁掉以后的最终成品尺寸。

2．设置"起始页码"和"页数"

"起始页码"的参数范围为 $1 \sim 999999$，默认的设置为 1。根据杂志的具体排版需要在"页数"和"起始页码"的编辑框内输入自定义数值即可。文件页数设置完成后，在编排过程中也可通过插页或删页等操作来进行修改。

此外，通过是否勾选"对页"选项，确定编排时的页面排列为单页或是对页，如图 12-6 所示。在选择"对页"选项时，在多页文档中建立的左右页将以对页形式的版面格式出现，也就是通常所说的对开页。"主页文本框架"复选框则可以为多页文档创建常规的主页面，选取此项后，软件会自动在所有页面中加上一个文本框。

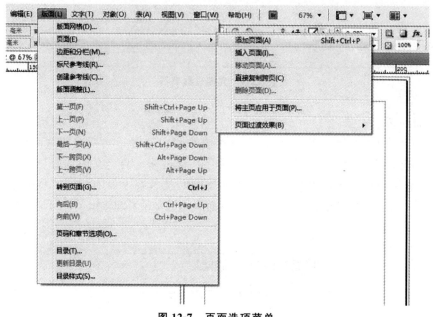

图 12-6　页数及起始页码设置窗口

在实际编排中,初始设置的页面可能会出现"短缺"或"遗漏"的现象,这时只需单击菜单栏中的"版面/页面"选项,选择"添加页面"、"插入页面"或"删除页面"等选项,对页面进行"查缺补漏"即可,如图 12-7 所示。

图 12-7　页面选项菜单

(1) 设置"装订次序"

选中"左订",意味着装订次序"从左到右",订口在左,裁口在右,一般横排都采用这种格式;选中"右订",意味着装订次序"从右到左",订口在右,裁口在左,一般竖排使用这种格式。默认的设置为"左订"。

(2) 设置"纸张方向"

选择纵向或横向,从而确定页面的方向。一般在设置页面大小时,宽度与高度两个数值输入的先后顺序是没有关系的。

3. 出血位设置

单击菜单栏中的"文件/文档设置"选项,弹出"文档设置"窗口,选择"更多选项"按钮,出现"出血位和辅助信息区"的设置,如图 12-8 所示。在"上"、"下"、"内"、"外"的编辑框中所设置的值就为出血的距离。

出血线位于页面框的外侧,是为了避免在裁切带有超出成品边缘的图片或背景的作品时,因裁切的误差而露出白边所采取的预防措施。出血线边框确定了图片的最大输出范围,通常是在成品页面外扩展3mm,也可以按具体情况自定义输入数值。单击"▓"按钮,即所设数值全部相同,再次单击"▓"按钮,变成"▓"按钮,便可设置不同数值。当各个参数设置都为0时,出血线与页面的边框将重合。

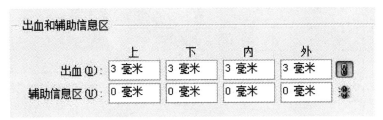

图 12-8　出血位和辅助信息区设置窗口

4. 设置版面网格

InDesign CS5 中包括三种主要的网格形式,分别是基线网格、版面网格和文档网格。基线网格常用于将多个段落根据字符基线进行对齐;文档网格用于文字、图片等对象之间的对齐;版面网格则常用于将文字、图片等与正文文本大小的单元格进行对齐。基线网格和文档网格通常不与版面网格同时使用。

网格与辅助线的作用相同,都可以在排版时帮助对齐文字和图片等。但网格不是实际的表格,一般情况来说,在新建项目中,三种网格最开始都呈现隐藏状态。这时可以通过"菜单/网格和辅助线"操作,选择"显示基线网格"、"显示版面网格"或"显示文档网格"的选项让所需网格出现,不需要时选择对应的"隐藏"选项即可,如图 12-9 所示的即为版面网格。

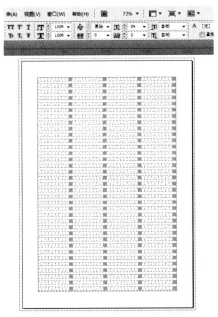

图 12-9　版面网格

版面网格可以根据需要网格的方向、字体、大小、水平、垂直、字间距和行间距等基本属性,或对每一行的网格数量或整版网格行数进行修改。具体操作是,单击菜单栏中的"版面/版面网格"选项,弹出"版面网格"设置窗口,如图 12-10 所示,会显示以下选项。

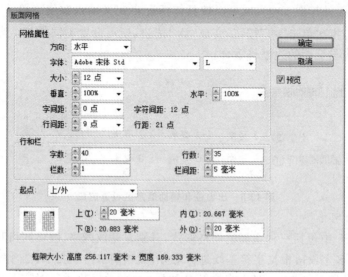

图 12-10 版面网格设置窗口

（1）"方向"：选择"水平"可使文本从左向右进行水平排列，选择"垂直"则使文本从上向下进行竖直排列。

（2）"大小"：使用在版面网格中用作正文文本基准的字体大小，此选项还可确定版面网格中的各个网格单元的大小。

（3）"垂直和水平"：网格中基准字体的缩放百分比例，网格的大小也将根据此设置发生变化。

（4）"字间距"：网格中基准字体字符间的距离。如果输入负值，网格将显示为互相重叠，设置正值时，网格之间将显示间距。

（5）"行间距"：网格中基准字体的行间距离，网格线间距离将根据输入的值而发生改变。

此外，除"方向"选项外，对其他属性所设置的值都将成为框架网格的默认设置。如果有分栏的需要，可以通过操作"栏数"选项右边的上、下键来调整数值，并进行栏间距的设置。

在"版面网格"菜单的"起点"选项中，可以选择从"上/外"、"上/内"、"下/外"、"下/内"、"垂直居中"、"水平居中"、"完全居中"等不同起点处更改边距，如图 12-11 所示。网格将根据"网格属性"和"行和栏"中设置的值从选定的起点处开始排列，在"起点"另一侧保留的所有空间也都将成为边距。因此，不能在构成"网格基线"起点的点之外的文本框中输入值，但是可以通过更改"网格属性"和"行和栏"选项值来修改与起点对应的边距。当选择"完全居中"并添加行或字符时，将从中央根据设置的字符数或行数创建版面网格。

图 12-11 "版面网格"菜单中的"起点"选项

5. 设置边距和分栏

单击菜单栏中的"版面/边距和分栏"选项，如图 12-12 所示，对边距、栏数、栏间距、排版方向等参数进行自定义设置。娱乐时尚、生活服务、文化艺术、时政社会等不同类型的杂志在边空版心设置时会采用不同的参数标准。

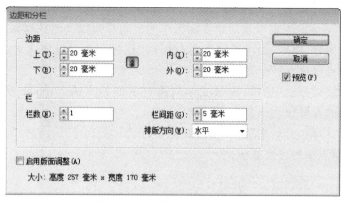

图 12-12　边距和分栏设置窗口

（三）设置常规首选项

首选项包括面板位置、度量选项、图形及排版规则的显示选项等设置，提供了 20 种窗口的设置选项：包括"常规"、"界面"、"文字"、"高级文字"、"排版"、"单位和增量"、"网格"、"参考线和粘贴板"、"字符网格"、"词典"、"拼写检查"、"自动更正"、"附注"、"修订"、"文章编辑器显示"、"显示性能"、"黑色外观"、"文件处理"、"剪贴板处理"和"标点挤压选项"等，是作为指定 InDesign 文档和对象最初的行为方式。

"常规"窗口中的首选项设置尤其会影响到 InDesign 的操作运行，单击菜单栏中的"编辑/首选项/常规"选项，或使用快捷键"Ctrl＋K"，弹出常规首选项对话框，如图 12-13所示。

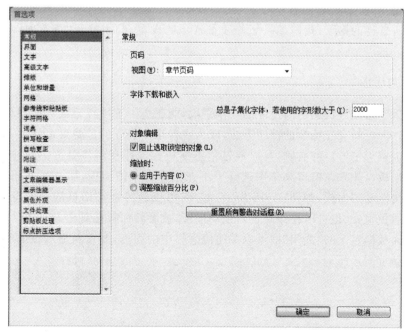

图 12-13　首选项常规设置窗口

（1）"页码"：即从"视图"菜单中选择一种页码编排方法。

（2）"字体下载和嵌入"：根据字体所包含的字形数指定字体子集的阈值,此设置将影响"打印"和"导出"对话框中的字体下载选项。

（3）"缩放时"：可以决定缩放对象在面板中的表现形式以及缩放框架内容的行为方式。

选择"应用于内容"选项,则在缩放文本框架时,点的大小可以随之更改;如果是缩放图形框架,则图像的百分比大小会发生变化。

选择"调整缩放百分比"选项,缩放文本时将显示原始点的大小;如果想要缩放图形框架,则框架与图像的百分比大小都会发生变化。

单击"重置所有警告对话框"会显示所有警告,如图 12-14 所示。当出现警告时,可以通过选中复选框来避免警告再次显示。

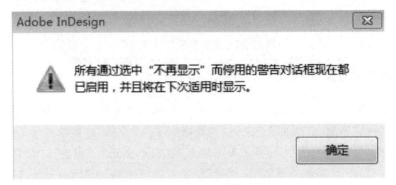

图 12-14 重置所有警告对话框

有些首选项储存在文档本身,因此不同的用户在该文档中的工作方式都一样。其他首选项储存在用户计算机上的文件中,只会影响该用户。InDesign 还有两种修改首选项的方法:在没有文档打开的情况下可以修改首选项,为以后所有文档创建新的设置;或是修改活动文档的首选项,但只会影响该文档。与 InDesign 其他操作不同,不能使用"还原"命令恢复对首选项所进行的修改,我们如果想修改首选项的设置,必须打开"首选项"对话框,进行再次修改设置。

（四）使用面板

使用面板作为用户快速访问控件的操作手段,既避免了选项屏幕被大的对话框遮挡,同时又提供了一种更具交互特性的使用方法,成为执行很多任务的重要渠道。

使用面板位于主窗口的右侧,可以通过单击面板标签或在窗口菜单中选择需要的面板来自由切换面板。如果在窗口菜单中选择了不在停靠栏中的面板,所选择的面板将在屏幕上显示为自由浮动的面板,如图 12-15 所示。这时可以通过拖动面板的标签将面板移到面板组内或者面板组外,也可以在停靠栏内拖动面板,或者将面板拖到停靠栏外使之成为浮动面板。通过面板标签上的"关闭"框可以关闭停靠栏中的面板,要重新显示该面板,可以在窗口菜单中重新单击选择。

图 12-15　自由浮动的面板

常用的控制面板主要有以下几个。

（1）"页面面板"。可以创建主页，添加、重新排列和删除文档页面，我们也可以使用该面板菜单创建章节页码，如图 12-16 所示。

图 12-16　页面面板

（2）"链接面板"。显示导入图形及文本文件的原始位置。

（3）"字符面板"。可修改文本的通用属性，例如字体、大小、字距和缩放等，或使用快捷键"Ctrl＋T"，如图 12-17 所示。

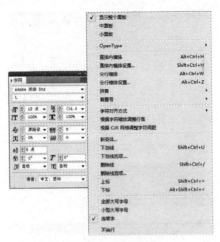

图 12-17　字符面板

（4）"色板面板"。使用"色板面板"可以创建颜色并命名，如使用 Pantone、Focoltone 和 Toyo 墨水颜色，还能将色彩应用到文本、描边及填色中，如图 12-18 所示。

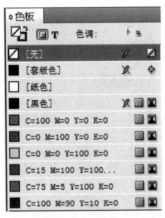

图 12-18　色板面板

（5）"对齐面板"。可以对文字和图片等多个所选对象进行均匀分布或重新排列，同时还能在四个区域，即选区、边距、页面、跨页进行对齐设置，或调整对齐间距，如图 12-19 所示。

图 12-19　对齐面板

（6）"描边面板"。对框架或直线边缘进行描边处理，可以控制边框的粗细及样式，如图12-20所示。

图12-20　描边面板

（五）更改停靠栏的选项显示

主停靠栏不能随意移动，但可以调整其显示方式。通过拖动停靠栏右上角调整大小的图标按钮，可以使停靠栏加宽或变窄。也可以通过单击停靠栏右上角的双箭头图标或顶部的深色矩形区域将停靠栏折叠成一些列图标，如图12-21所示。这时可在此单击双箭头图标扩展停靠栏。

图12-21　停靠栏

（六）参考线设置

使用者可根据需要自定义参考线位置进行辅助编排。

用鼠标拖动位于操作区左上角的箭头移动原点，新建立的原点将帮助用户进行所需的文字块位置排版等操作，如图12-22所示。

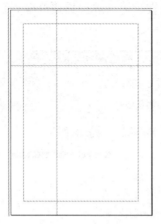

图 12-22　参考线

单击菜单栏中的"版面/标尺参考线"选项，可以对参考线的"视图阈值"和"颜色"进行设置，如图 12-23 所示。"视图阈值"表示指定视图缩放大于或等于指定的数值时显示参考线。

图 12-23　标尺参考线设置窗口

（七）自定义键盘快捷键

为方便用户使用工具、菜单命令及多窗口各选项，InDesign 在编排时提供了键盘快捷键的操作。选择菜单栏中的"编辑/键盘快捷键"选项，弹出"键盘快捷键"对话框，包括了修改键盘快捷键所需的所有工具，还可以根据个人需要自定义快捷键方式，如图 12-24 所示。

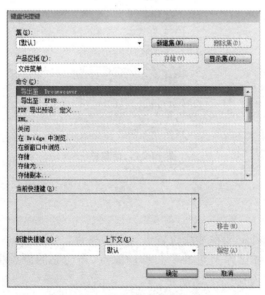

图 12-24　键盘快捷键设置窗口

注：第一，不能修改 InDesign 快捷键的默认集，可以在此基础上创建新集，在新建集中修改快捷键。

第二，对于系统范围内的标准设定，如"新建"、"打开"、"存储"和"打印"等的快捷键不要进行修改。

第三，如果有经常使用的特定字体或工具选项可以设定快捷键，方便排版操作。

● ● ● ● 五、实验注意事项 ● ● ● ●

1. InDesign 退出运行时，系统设置的参数会自动保存到名为 .indd 的文件中。再次启动 InDesign，这些环境量会自动生成。环境设置的参数只需设置一次，除非需要改动。

2. 在打开一个 InDesign 文件项目后所设置的环境量属于该文件环境设置，不会对其他文件的操作产生影响。

3. 在使用 InDesign 进行排版时，要注意随时保存，以免造成文件丢失。

● ● ● ● 六、实验记录方式 ● ● ● ●

在进行"版面设置"时，对主窗口的"页面大小"、"页数设置"等参数完成设置后，可接着通过点击"版面网格对话框"、"边距和分栏..."等选项后弹出的复选框进行对应参数的设置。全部的参数都设置完毕，再单击"版面设置"窗口中的"确定"键，完成版面设置并保存各项参数。反之，单击"取消"键关闭窗口。

● ● ● ● 七、实验讨论与评价 ● ● ● ●

1. 不同杂志的环境参数与杂志风格之间有什么关系？

● ● ● ● 八、实验报告 ● ● ● ●

1. 提交实验中生成的文件。
2. 完成实验讨论中的问题。

● ● ● ● 九、实验思考与练习 ● ● ● ●

1. 收集不同类型的杂志版面，比较它们的环境参数，思考不同的环境设置是怎样体现杂志自身的特点和风格的。
2. 选择一家知名杂志的版面，收集其环境设置参数，自己动手进行实验。

实验十三　杂志封面版面编辑

●●●●● 一、实验目的 ●●●●●

1. 通过具体的杂志封面个案掌握杂志封面的设计要素、特点及作用。
2. 能够恰当灵活地应用封面要素设置不同类型的杂志封面版式,体现所属杂志的编辑方针。

●●●●● 二、实验要求与知识准备 ●●●●●

1. 了解杂志封面的设计特点及作用。
2. 熟练掌握杂志封面设计的相关步骤。
2. 根据杂志的编辑方针、风格特点发挥封面版面语言的积极作用。

●●●●● 三、实验场地与器材 ●●●●●

1. Windows XP/SP2/SP3/Windows Vista/Windows 7 中文版操作系统。
2. InDesign CS5 排版系统。
3. Photoshop、CorelDRAW 或 Illustrator 等专业图片处理软件。

●●●●● 四、实验方法与步骤 ●●●●●

杂志封面既是杂志的"门面",又能够直接展现杂志的主题内容、性质及体裁。因此,在对杂志封面进行设计时,不仅要考虑到封面的广告性,还要充分展现封面的内涵性。时至今日,杂志的封面也逐渐从内容严肃、色彩单一的设计中解放出来,日渐呈现多元发展的趋势。

目前市场上的杂志封面可以划分为四种基本类型:一是肖像类封面,以人物照片为主,这种封面图片突出强调人性,女性杂志和时尚杂志多使用这种类型的封面;二是组合类封面,由符号、文字、图示等元素组成;三是文字类封面,只使用文字来设计封面,例如一些计算机类杂志的封面就倾向于使用文字和数字来构成封面设计;四是绘图型封面,这种类型的封面多用电脑或其他艺术手段绘制,充满了艺术性和个性化。

（一）杂志封面设计的共性

一个标准的杂志封面应该包括图片、文字、日期、价格等要素。除此之外,杂志封面还必须具有一定的辨识度,通常情况下这种辨识度要与杂志的内容、思想及特点相一致。

杂志封面设计的共性有以下几点。

1. 图片的直观性

封面图片元素多样，一般来说，所有具有形象联想的元素都可以称为封面图片元素，例如摄影照片、绘画图片等，具体选择何种图片要根据杂志的内容和主题来衡量。

近几年的杂志封面主要采用简洁且大幅的图片，这既增强了封面的视觉冲击力，也更显直观，易于向读者传达准确的信息。比如 2013 年第 35 期的《南都娱乐周刊》封面是一张文章的海报图片，如图 13-1 所示（该版面电子版详见光盘）；2014 年第 3 期的《南方人物周刊》封面是一张故乡土地的风景图片，如图 13-2 所示（该版面电子版详见光盘）；2013 年第 8 期的《财经天下》封面是 2013 年影视业中最受欢迎的卡通形象"小黄人"的图片，如图 13-3 所示（该版面电子版详见光盘）。三幅图片的选择都是依据刊物的主题而来。

图 13-1　2013 年第 35 期《南都娱乐周刊》

图 13-2　2014 年第 3 期《南方人物周刊》

图 13-3　2013 年第 8 期《财经天下》

2. 重视杂志刊名的设计效果

在杂志封面设计的诸多元素中,刊名的设计显得尤为重要,可以迅速提升杂志形象,从而吸引更多读者阅读。

从字体设计来看,杂志刊名的字体大致有三种:书法体、装饰字体、字库字体。

(1)书法字体通常是名人题字,这样可以增加杂志的知名度与信誉度,产生固定的品牌效应。例如:《人民画报》的刊名即为毛泽东的题字,如图 13-4 所示(该版面电子版详见光盘);《海内与海外》使用的是孙中山的题字,如图 13-5 所示(该版面电子版详见光盘);《民族画报》则是周恩来于 1955 年在该杂志创刊时为其题的字,如图 13-6 所示(该版面电子版详见光盘)。

图 13-4　1975 年第 1 期《人民画报》

图 13-5   2012 年 7 月号《海内与海外》

图 13-6   2005 年第 5 期《民族画报》

　　（2）装饰字体一般在字库字体的应用基础之上，对其进行装饰变化，从而形成杂志的特定标志。例如《时尚》杂志的刊名便是经过精心设计而成的，如图 13-7 所示（该版面电子版详见光盘）。

图 13-7　2010 年第 9 期《时尚》

　　（3）字库字体即是将电脑字体直接用于封面之上，不仅庄重大方，而且朴实规范，杂志封面选择字库字体很易获得亲民效果。例如《中国国家地理》的刊名如图 13-8 所示（该版面电子版详见光盘）、《中国新闻周刊》的刊名如图 13-9 所示（该版面电子版详见光盘）。

图 13-8　2013 年第 2 期《中国国家地理》

图 13-9　2007 年 5 月刊《中国新闻周刊》

　　注：根据杂志期刊出版和发行的特点，为使杂志具备统一的形象、方便读者的识别和长期购买、阅读，杂志刊名的设计至少在一年之内是不会改变的。

　　3. 要目排列的统一变化性

　　一般来说，杂志在编排时会将一些重点内容的标题及导读排放在杂志封面上，编辑会根据内容分量进行视觉调整，突出主次。重点内容的文字色彩较强烈，字号加大；次重点内容的文字色彩纯度低，字号稍小。内容的重要性排列、文字的大小、字体的选择都要遵循统一的变化原则。例如，2013 年第 44 期的《南都娱乐周刊》封面，张艺谋的"超生事件"受到社会关注，因此选用事件人物主图并将标题置于版面中心位置，其他内容的标题排列在图片空白处，如图 13-10 所示（该版面电子版详见光盘）。

图 13-10　2013 年第 44 期《南都娱乐周刊》

4. 封面色彩运用的恰当性

封面色彩的运用首先要注重整体美感,使用的色彩不宜过多。一般来说,封面上除图片颜色外,其他颜色最多使用三种,比如选择一种较突出的色彩来表现刊名,选择另外两种色彩来设置内文要目等。

封面色彩的选用一般也是由杂志内容、读者年龄以及文化层次等决定的。如少儿读物比较多地运用活泼生动的色彩,如图 13-11 所示的《漫画世界》(该版面电子版详见光盘);中老年读物一般选择低沉、和谐的色彩,如图 13-12 所示的《看历史》(该版面电子版详见光盘);而介于明亮色彩和深色调之间的色彩则适用于青年人的读物,如图 13-13 所示的《悦游》(该版面电子版详见光盘)。

图 13-11　2014 年第 4 期《漫画世界》

图 13-12　2012 年第 12 期月刊《看历史》

图 13-13　2013 年 4 月号《悦游》

5．封面设计的版式连续性

　　杂志是连续出版物，作为杂志的封面设计，通常要考虑到设计的连续性，即杂志的整体风格。杂志的整体风格应当一致，力求用新鲜的元素和不断重复的设计手法给读者留下深刻的印象。例如《南方人物周刊》，每期封面版式都有固定格式，具有强烈设计感的刊物名称，以及红色边框映衬下的人物图片，更具视觉冲击力。从色彩属性来说，红色象征着激情与活力，符合刊物所体现的杂志内涵，如图 13-14、图 13-15 所示（该版面电子版详见光盘）。

图 13-14　2013 年第 41 期《南方人物周刊》

图 13-15　2013 年第 42 期《南方人物周刊》

（二）杂志封面的个性

1．文学类杂志

文学类杂志的内容较为广泛，读者群与文化层次的跨度都比较大，所以选择自然风景及绘画作品等可同时满足不同受众的心理需求。《读者》的杂志封面选择比较贴近生活，如2013 年 4 月号的封面图片如图 13-16 所示（该版面电子版详见光盘），简单的图案搭配暖色调，看起来既简约又别有深意。而《意林》杂志的封面则经常使用一些精致恬静的绘画作品，如图 13-17 所示（该版面电子版详见光盘）。

图 13-16　2013 年 4 月号《读者》

图 13-17　2014 年第 2 期《意林》

　　有些文学类杂志的读者范围相对较小,读者的文化层次则相对较高,因此封面表达含蓄,突出意境。如 2013 年第 2 期《花城》的封面如图 13-18 所示(该版面电子版详见光盘),传统的窗花剪纸配上充满韵味的书法,令人回味无穷。

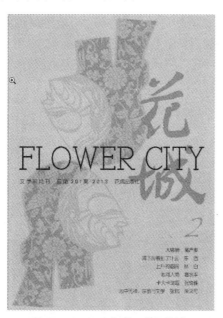

图 13-18　2013 年第 2 期《花城》

2. 新闻综合类杂志

这类杂志主要反映社会热点,时效性强且编辑意识非常前卫,一般选择当前热门新闻事件的人物或新闻场景作为封面图片,极具新闻价值,易于引起读者关注。如 2013 年第 28 期《三联生活周刊》的封面如图 13-19 所示(该版面电子版详见光盘),报道了由于斯诺登泄密而引发的全球监控网问题,并配上斯诺登本人的图片,图文并茂,更加一目了然。

图 13-19　2013 年第 28 期《三联生活周刊》

3. 体育、汽车、科技类杂志

该种类杂志以强调自身专业为主,如《全体育》杂志每期都是以运动员或体育活动为封面,如图 13-20 所示(该版面电子版详见光盘);《汽车画刊》则每期呈现各式各样的汽车照片内容,如图 13-21 所示(该版面电子版详见光盘);《个人电脑》的每期封面是关于不同型号款式的电脑、配件及相关知识,如图 13-22 所示(该版面电子版详见光盘)。

图 13-20　2014 年第 2 期《全体育》

图 13-21　2014 年 1 月号《汽车画刊》

图 13-22　2013 年 1 月号《个人电脑》

（三）杂志封面的设计步骤

在进行杂志封面设计时，首要步骤便是进行封面的构思设计，根据杂志的内涵、风格等确定封面的整体效果。初步构思后，可以从图片、文字等方面进行具体的杂志封面设计，操作步骤如下。

1. 封面图片的设计

封面图片是杂志封面设计的重要环节，由于封面图片在画面中所占面积较大，易于成为整个封面的视觉中心。所选取的封面图片必须具备直观、明确、视觉冲击力强的特点，图片的内容没有严格限制,常见的封面图片有人物、动物以及自然风光等。

2. 封面的文字设计

杂志封面上的文字包括:刊名、内文要目、日期等,编排时要具体注意以下几点。

(1)设计编排杂志刊名时,要将其排放在杂志最明显的位置。在颜色选择方面,要与封面图片形成对比,或用其补色,这样可以便于将刊名从杂志封面中突显出来;在字体设计方面,字体要以粗体或者特殊变形为主,便于吸引读者更多地关注。

(2)编排内文要目时要注意区分主次,选择合适的颜色进行搭配。

(3)日期、价格等文字讲求编排整齐,并将其放置在杂志合适位置即可。

3. 封面的构图设计

杂志封面的构图设计是将设计好的文字与图片进行合理安排的过程,其中文字占据主导位置。通常情况下,将文字进行垂直竖排会显得较为严肃,水平式的排列则更加稳重,倾斜式的排列易于打破常规,充满个性。

4. 补充细节

最后,检查杂志封面日期、杂志责任编辑名字等,检查内文要目的文字是否有所缺漏,进行修改调整。

●●●● 五、实验注意事项 ●●●●

1. 通常情况下,封面的内文要目不宜超过 8 条,杂志封面的版面有限,标题过多容易使读者产生视觉疲劳、主次难辨。

2. 杂志封面色彩的运用除了考虑整体协调之外,还要注意到色彩的色相、明度以及纯度的对比。

●●●● 六、实验记录方式 ●●●●

1. 保存文件。选择"文件/存储"选项,或者使用快捷键"Ctrl＋S",弹出"存储为"对话框,输入文件名,在"保存类型"选项的下拉列表中选择想要保存的类型,单击"保存"完成步骤。

2. 若想将. indd 文件保存为. pdf 或. jpg 格式,操作方法为:选择"文件/导出"选项,输入文件名,在"保存类型"选项的下拉列表中选择想要保存的类型,单击"保存"完成操作。

●●●● 七、实验讨论与评价 ●●●●

1. 杂志封面如何表现版面语言?
2. 不同类型的杂志在图片及色彩运用上有何区别?

●●●● 八、实验报告 ●●●●

1. 提交实验中生成的文件。

2. 完成实验讨论中的问题。

●●●● 九、实验思考与练习 ●●●●

比较分析 2014 年第 1 期《城市画报》(如图 13-23 所示,该版面电子版详见光盘)、2013 年第 27 期《看天下》(如图 13-24 所示,该版面电子版详见光盘)和 2013 年第 48 期《南都娱乐周刊》(如图 13-25 所示,该版面电子版详见光盘)三本杂志的封面图片编辑手段,并结合版式设计特点,分析编排效果。

图 13-23　2014 年第 1 期《城市画报》

图 13-24　2013 年第 27 期《看天下》

图 13-25　2013 年第 48 期《南都娱乐周刊》

参考文献：

［1］王长征.浅谈杂志封面设计[J].华章,2013(12)：97.

［2］李兵.杂志封面设计探析[J].科教文汇,2013(253)：118－119.

［3］严荷菱.杂志封面设计的共性与个性[J].合肥学院学报(自然科学版),2004(1)：
　　29－30,34.

实验十四　新闻杂志版面编辑

●●●●●　一、实验目的　●●●●●

综合运用排版的技能,独立、灵活地运用 InDesign CS5 排版系统的各项功能,深入了解和掌握新闻类杂志版面编辑的技巧和特点,并在此基础上进行创新。

●●●●●　二、实验要求　●●●●●

1. 深入了解并掌握 InDesign CS5 排版系统菜单栏、工具条和工具箱各命令的用途。

2. 了解并掌握新闻类杂志版面的编排风格及特色。

●●●●●　三、实验器材　●●●●●

1. Windows98/2000/ME/NT/XP 中文版操作系统。

2. InDesign CS5 排版系统。

3. Photoshop、CorelDRAW 或 Illustrator 等专业图片处理软件。

●●●●●　四、实验方法与步骤　●●●●●

新闻类杂志的主要内容是传播和解读国内外重大时事新闻,与报纸的动态新闻相比,加强了对新闻的综合分析与深度报道。因此,对新闻杂志的版面编辑要坚持"新"、"深"、"精"、"高"四个特点:既要保持新闻的时效性与新闻性,进行多维立体的深度报道解析,又要精选新闻主题内容,具有高远的前瞻性。

本实验以 2014 年 1 月 6 日《中国新闻周刊》(如图 14-1 所示,该版面电子版详见光盘)为例,说明此版面的主要编辑步骤。

图 14-1　2014 年 1 月 6 日《中国新闻周刊》

（一）制作栏目标识

栏目标识通过图标化的设计为杂志的内容板块进行区域划分，一般位于版面靠近页边的左上角或右下角，便于读者检索，也成为杂志版面形象设计的一部分。一般来说，新闻类杂志通常遵循严谨、中规中矩的风格特点，所以栏目标识的设计也要尽量突出简洁、清晰的编排风格。设计完成后，各栏目标识的格式、样式、大小比例以及放置的版面位置也都要一致。

本版栏目标识的编辑步骤具体如下：

（1）选取工具箱中的矩形工具""，画出一个矩形，单击菜单栏中的"窗口/颜色/色板"选项，弹出"色板"窗口，将颜色设置为红色，如图 14-2 所示，选择"窗口/描边"选项，将矩形的边框线条粗细设置为"0 点"，完成后矩形效果如图 14-3 所示。

图14-2　绘制矩形边框，并将颜色设置为红色

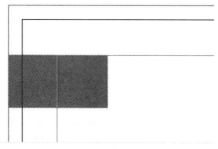

图 14-3　将矩形边框线条粗细设置为"0 点"

（2）单击工具箱中的文字工具"T"，在矩形框里键入"新论"文字并选中，选择菜单栏中的"文字/字符"选项，或使用快捷键"Ctrl＋T"，弹出"字符"窗口，设置完成字号和字体，如图 14-4 所示。

图 14-4　设置"新论"文字的字号及字体

（3）单击文字工具"T"，或使用鼠标双击文本框，选中文字后选择菜单栏中的"窗口/颜色/色板"选项，弹出"色板"窗口，将字体颜色设为白色。重复上述步骤，输入并设置完成文字"Editorial"。调整文字框与矩形色块的位置，即可完成栏目标识的编排，效果如图 14-5 所示。

图 14-5　"新论"字体颜色设置为白色

（二）编辑标题

单击文字工具“T”，输入标题内容并选中，选择菜单栏中的“文字/字符”选项，或使用快捷键“Ctrl＋T”，弹出“字符”窗口，设置字号和字体，编排效果如图 14-6 所示。

迈出制度反腐的坚实一步

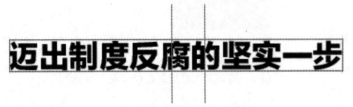

图 14-6　设置标题字号及字体

（三）排入正文

编排杂志的正文内容时，考虑到版面大小及编排的美观，文本一般分为 2 栏表示。首先单击文字工具“T”，输入正文内容，此时排入的文字通常显示为 1 栏，选取菜单栏中的“版面/边距和分栏”选项，将栏数设置为“2”，栏间距设置为“10mm”，如图 14-7 所示。再单击菜单栏中的“文字/字符”选项，或使用快捷键“Ctrl＋T”，弹出“字符”窗口，设置完成正文内容的字号及字体。

栏
栏数(N): 2
栏间距(G): 10 毫米
排版方向(W): 水平

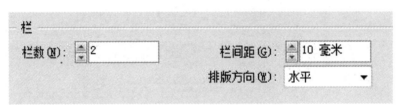

图 14-7　设置正文栏数及栏间距

如果正文内容过多，文字无法全部编排至版面，或需要将文字进行分栏处理时，具体操作步骤为：单击文本框右下角的十字按钮，如图 14-8 所示，将剩下的文字粘贴到合适的位置即可。

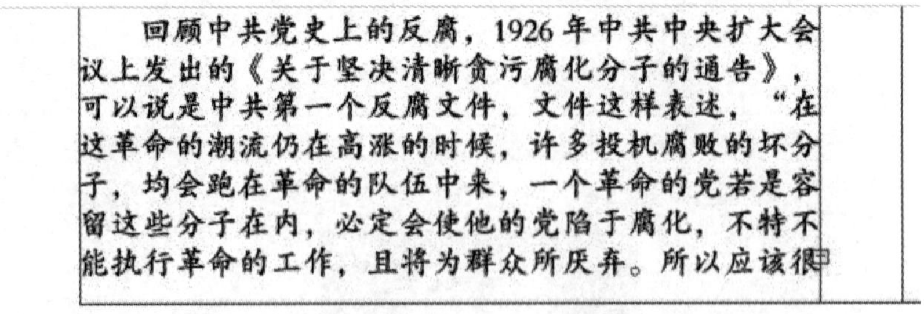

回顾中共党史上的反腐，1926 年中共中央扩大会议上发出的《关于坚决清晰贪污腐化分子的通告》，可以说是中共第一个反腐文件，文件这样表述，“在这革命的潮流仍在高涨的时候，许多投机腐败的坏分子，均会跑在革命的队伍中来，一个革命的党若是容留这些分子在内，必定会使他的党陷于腐化，不特不能执行革命的工作，且将为群众所厌弃。所以应该很

图 14-8　单击文本框右下角的十字按钮，将剩余文字粘贴到合适位置

本文分栏编排后的效果如图 14-9 所示。

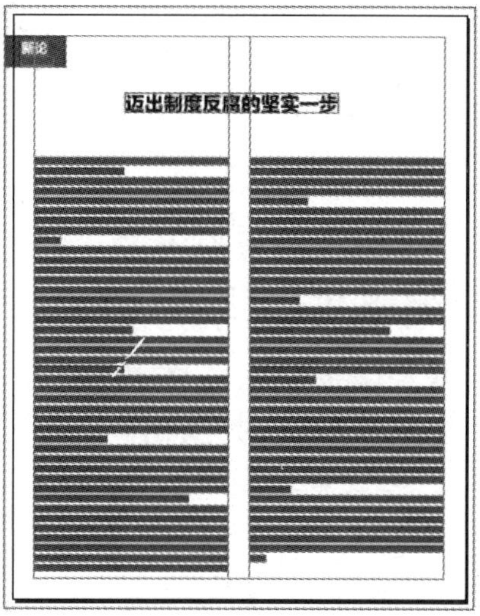

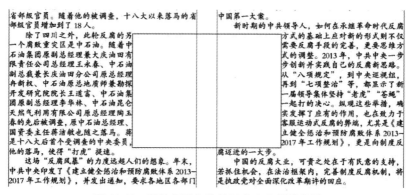

图 14-9 稿件版面效果图

(四) 文字处理

新闻类杂志版面常以文字报道为主要内容,为了避免版式单调,也为了突出报道的重点,通常会提取正文中的关键语句或重要信息进行单独编排,并对文字进行适当放大加以强调,这样既能让版面丰富很多,又能引导读者理解报道的核心内容。

在本版编辑中,将“中国的反腐大业,可贵之处在于有民意的支持,若抓住机会,在法治框架内,完善制度反腐机制,将是执政党对全面深化改革期许的回应。”这一句话单独拿出进行编排,具体操作步骤如下:

在工具栏中将“填色”和“描边”设置为“”,选取工具箱中的矩形工具“”,画出一个矩形,单击菜单栏中的“窗口/颜色/色板”选项,弹出“色板”窗口,将矩形色块颜色设为白色;按住“Shift”键,同时选中矩形色块和正文文本框,或用拖框选中两者,单击工具条中的“”(延定界框绕排工具),调整文本框的位置后,效果如图 14-10 所示。

省部级官员。随着他的被调查,十八大以来落马的省部级官员增加到了 18 人。

除了四川之外,此轮反腐的另一个腐败重灾区是中石油。随着中石油集团原副总经理兼大庆油田有限责任公司总经理王永春、中石油副总裁兼长庆油田分公司原总经理冉新权、中石油原总地质师兼勘探开发研究院院长王道富、中石油集团原副总经理李华林、中石油昆仑天然气利用有限公司原总经理陶玉春的先后被调查,原中石油总经理、国资委主任蒋洁敏也随之落马。蒋是十八大后首个受调查的中央委员,他的落马,使得“打虎”提速。

这场“反腐风暴”的力度远超人们的想象。年末,中共中央印发了《建立健全惩治和预防腐败体系 2013—2017 年工作规划》,并发出通知,要求各地区各部门

中国第一大案。

新时期的中共领导人,如何在承继革命时代反腐方式的基础上应对新的形式则不仅需要反腐手段的完善,更要思维方式的调整。2013 年,中共中央一步步创新并实践自己的反腐新思路。从“八项规定”,到中央巡视组,再到“七项整治”等,都显示了新一届领导集体坚持“老虎”“苍蝇”一起打的决心。纵观这些举措,确实发挥了应有的作用,也在致力于客服运动式反腐的弊端,尤其是《建立健全惩治和预防腐败体系 2013—2017 年工作规划》,更是向制度反腐迈进的一大步。

中国的反腐大业,可贵之处在于有民意的支持,若抓住机会,在法治框架内,完善制度反腐机制,将是执政党对全面深化改革期许的回应。

图 14-10 调整矩形色块及正文文本框的位置

然后，单击文字工具"T"，或使用鼠标双击文本框，选中文字并复制到辅助版中，选择菜单栏中的"窗口/字符"选项，弹出"字符"窗口，为突出强调，在字号和字体的参数设置上要与正文有所区别。设置完成后，将文字放在白色矩形色块上，选中文本框，单击鼠标右键选择"排列/置于顶层"选项，如图 14-11 所示。

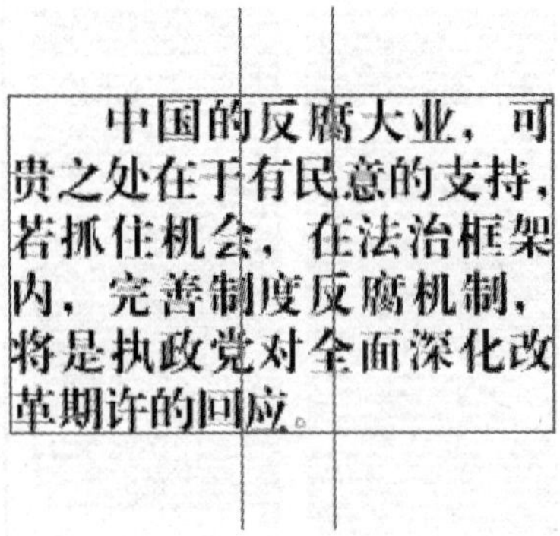

中国的反腐大业，可贵之处在于有民意的支持，若抓住机会，在法治框架内，完善制度反腐机制，将是执政党对全面深化改革期许的回应。

图 14-11　将文字置于白色矩形色块上

在杂志排版中，"放大首字"或对标点符号进行特殊处理的情况也很常见，如图 14-12 所示，即是对"字符"进行的设置。

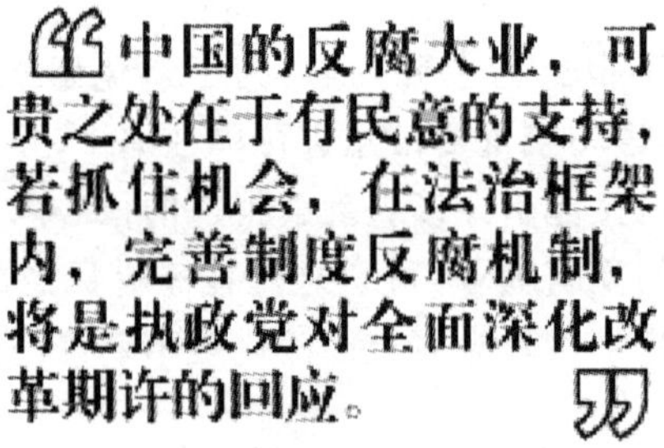

"中国的反腐大业，可贵之处在于有民意的支持，若抓住机会，在法治框架内，完善制度反腐机制，将是执政党对全面深化改革期许的回应。"

图 14-12　对双引号进行特殊处理

"放大首字"的具体操作步骤为：单击文字工具"T"，或使用鼠标双击文本框，选中正文首段第一个字"十"，选择菜单栏中的"窗口/字符"选项，弹出"字符"窗口，将"十"的字号适当放大，然后按住"Shift"键，同时选中"十"和正文文本框，或使用拖框选中二者，单击工具条中的"▦"（延定界框绕排工具），调整文本框的位置，效果如图 14-13 所示。

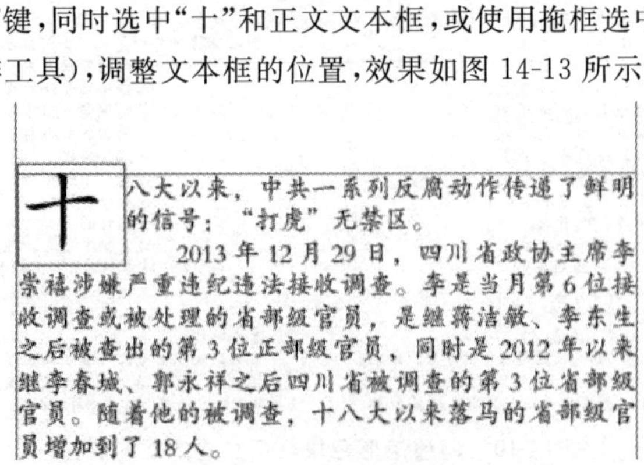

十八大以来，中共一系列反腐动作传递了鲜明的信号："打虎"无禁区。
2013 年 12 月 29 日，四川省政协主席李崇禧涉嫌严重违纪违法接收调查。李是当月第 6 位接收调查或被处理的省部级官员，是继蒋洁敏、李东生之后被查出的第 3 位正部级官员，同时是 2012 年以来继李春城、郭永祥之后四川省被调查的第 3 位省部级官员。随着他的被调查，十八大以来落马的省部级官员增加到了 18 人。

图 14-13　放大首字

最终效果图如 14-14 所示。

图 14-14 版面文字效果图

（五）编排页脚

杂志版面上的页脚根据杂志类型及版面编排的不同，所标注的信息也会不一样。一般可以标明页码、杂志名称、栏目名称、杂志期号等。本版页脚编排的步骤为：单击工具箱中的画线工具"＼"，在版心左下角位置划出一条竖线，选择菜单栏中的"窗口/描边"选项，弹出"描边"窗口，将线段粗细设置为"0.3 点"，如图 14-15 所示。

图14-15 描边设置窗口，将竖线粗细设置为 0.3 点

重复上述的文字编排方法来编辑页脚信息，页脚效果如图 14-16 所示。

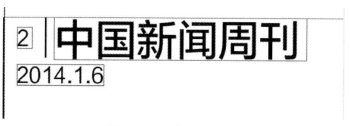

图 14-16 页脚编排效果

本版最终的效果如图 14-17 所示。

图 14-17　版面最终效果图

●●●●●　五、实验注意事项　●●●●

1. 当版面以文字作为主导时，除了要着重突出重要的新闻信息，适当运用字体、字号、线条等版式手段来增强视觉表现力也会在一定程度上提高新闻报道的可读性，同时还要善于把握文字结构的编排，强调新闻杂志的新闻性与深度。

2. 新闻杂志版面可以适当添加新闻图片对文字进行直观表达，但除图片栏目外，其他版面上的图片编排不宜过多，所选取的图片要精炼，兼具深度与视觉冲击。

●●●●●　六、实验记录方式　●●●●

1. 保存文件：选择"文件/存储"选项，或者使用快捷键"Ctrl＋S"，弹出"存储为"对话框，输入文件名，在"保存类型"选项的下拉列表中选择想要保存的类型，单击"保存"完成步骤。

2. 若想将.indd 文件保存为.pdf 或.jpg 格式，操作方法为：选择"文件/导出"选项，输入文件名，在"保存类型"选项的下拉列表中选择想要保存的类型，单击"保存"完成操作。

●●●● 七、实验讨论与评价 ●●●●

1. 如何处理新闻杂志版面的严谨性与活泼性的关系？

2. 针对某本新闻杂志的专题版面进行分析，指出其编排的优点与不足，并提出改进的建议。

●●●● 八、实验报告 ●●●●

1. 提交实验中生成的文件。

2. 完成实验中所讨论的问题。

●●●● 九、实验思考与练习 ●●●●

请利用本实验中所学的知识，尝试重现 2014 年第 4 期《南风窗》"时图报道"栏目，如图 14-18 所示（该版面电子版详见光盘）。

图 14-18　2014 年第 4 期《南风窗》"时图报道"栏目

参考文献：

[1] 曾嘉. 新闻杂志的特点[J]. 军事记者，2003(11)：27—29.

实验十五　娱乐杂志版面编辑

　　综合运用排版的编辑技术，灵活运用 InDesign CS5 排版系统的各项功能，深入了解和掌握娱乐类杂志版面编辑特点和技巧，并在此基础上进行创新。

　　1. 深入了解并掌握 InDesign CS5 排版系统菜单栏、工具条和工具箱各命令的用途。

　　2. 灵活运用 InDesign CS5 排版系统的排版功能，熟练掌握稿件编辑、标题编辑、图片编辑及版面编辑等技巧。

　　3. 了解并掌握娱乐类杂志版面编辑的原则及技巧。

　　1. Windows98/2000/ME/NT/XP 中文版操作系统。

　　2. InDesign CS5 排版系统。

　　3. Photoshop、CorelDRAW 或 Illustrator 等专业图片处理软件。

　　娱乐版面具有色彩明快、风格活泼等特质，因此在色彩、字体、图片等设计上要有极强的视觉吸引力，我们以《南都娱乐周刊》2014 年第 3 期"BIG STAR 大牌"栏目（如图 15-1 所示，该版面电子版详见光盘）为例，讲解娱乐杂志版面的主要编辑步骤。

图 15-1　2014 年第 3 期《南都娱乐周刊》"BIG STAR 大牌"栏目

（一）编辑栏目标识

（1）单击工具箱中的文字工具"T"，在版面左上角键入"BIG STAR"文字并选中"BIG STAR"，选择"文字/字符"选项，或使用快捷键"Ctrl＋T"，弹出"字符"对话框，设置字号和字体，如图 15-2 所示。

图 15-2　设置栏目标识文字的字号及字体

（2）单击文字工具"T"，或使用快捷键"Ctrl＋T"，选中"BIG STAR"文字，单击菜单栏中的"窗口/颜色/色板"选项，弹出"色板"窗口，将字体颜色设置为橙色，如图15-3所示。

图 15-3 "BIG STAR"字体颜色设置为橙色

（3）重复上述步骤，排入文字"大牌"并设置文字参数。完成操作后将"BIG STAR"和"大牌"字样移至合适位置，调整文本框位置。效果如图15-4所示。

图 15-4 栏目标识效果图

（二）编排背景图

娱乐杂志经常使用新闻现场图、海报或广告宣传图等大幅图片充当版面背景，并在空白处添加文字，使图文融合效果更佳，或者使用白色背景，将人物等图片通过处理后放置在上面，但要特别注意图片的色彩搭配，不宜颜色过多或进行大面积使用。

本版编排的背景图是李敏镐的海报图片，对图片大小进行剪裁后可以直接使用。如果是添加纯色背景编排，具体的操作方法为：选取工具箱中的矩形工具"▢"，画出一个版面大小的矩形。考虑到编辑需要及版面色彩，可以给矩形添加颜色以充当纯色背景。单击菜单栏中的"窗口/颜色/色板"选项，弹出"色板"窗口，例如将色块颜色设置为灰色，如图15-5所示。

图 15-5　矩形色块可以充当纯色背景

　　然后选中相关图片,如本版中的李敏镐人物图片,将其拖放至矩形色块中,按住"Shift"键根据比例将图片调整到适合矩形色块的大小,或单击工具条中按比例填充框架的工具"▣",最后双击鼠标选中矩形色块,即可调整图片与背景的位置,也可以呈现出最终的背景图效果,如图 15-6 所示。

图 15-6　背景图效果

（三）排入文字

1. 编辑标题

（1）单击工具箱中的文字工具"**T**"，键入文字"李敏镐"并选中，选取菜单栏中"文字/字符"选项，或使用快捷键"Ctrl＋T"，弹出"字符"窗口，设置字号和字体，如图 15-7 所示。再次选取文字工具"**T**"，选中文字，单击菜单栏中的"窗口/颜色/色板"选项，弹出"色板"窗口，将字体颜色设置为橙色。

图 15-7　设置标题的字号及字体

（2）单击鼠标选中文本框，选取菜单栏中的"对象/效果"选项，弹出"效果"窗口，如图 15-8 所示，选取"投影"选项，设置完成相关参数。

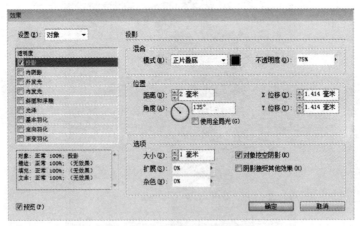

图 15-8　设置标题"投影"效果

（3）重复上述步骤，键入文字"范冰冰在韩国也很受欢迎"并选中，设置完成字体、字号、颜色、效果等，调整文本框的位置，效果如图 15-9 所示。

图 15-9　标题效果图

2．编排导语

导语的编排与标题的编排方法相同，此处不做过多的叙述，最终的效果如图 15-10 所示。

图 15-10　导语编排效果

3．排入正文

单击工具箱中的文字工具"T"，用鼠标拖曳出文本框后，将文字复制粘贴到文本框中并调整文本框大小。用鼠标双击文本框并选中文字内容，选择菜单栏中的"文字/字符"选项，或使用快捷键"Ctrl＋T"，弹出"字符"窗口，设置正文的字号和字体。

选中正文首段第一个字母"Q"，选择菜单栏中的"窗口/字符"选项，弹出"字符"窗口，将字号适当放大，并进行颜色设置。再按住 Shift 键，同时选中字母"Q"和正文文本框，或拖框选中两者，单击工具条中的延定界框绕排"▣"工具，调整两个文本框之间的位置，效果如图 15-11 所示。

Q《继承者们》在中国很受欢迎，你在其中演唱的插曲也受到粉丝好评，请问2014年有计划推出个人唱片吗？

A:2014年我应该会有跟粉丝互动的专场演出机会，在演出当中会演唱《继承者们》的主题歌。但会不会录制新歌目前还没有决定，因为有巡演计划，应该会把之前的歌曲做成一个集锦，到时候一块献给大家。

Q:《继承者们》在中国非常受欢迎，最想送中国粉丝一件什么礼物以表心意？

A:一双筷子，因为筷子寓意“成双成对”。我和中国粉丝们也像筷子一样要“成双成对”和“合二为一”才有意义。

Q:未来有什么角色是最想尝试的？

A:因为现在社会上有很多种神秘又有意思的职业，我都很想在剧中尝试一下，但最想演的还是那种“天才”之类的角色，就是那种其实头脑特别聪明但自己一开始不知道的人物。

Q:最想和哪一位中国演员合作？

A:我平时非常尊敬和喜欢的两位中国明星是刘德华和成龙。今天也是初次和范冰冰见面，感觉非常开心，有机会的话也很希望跟她一起合作。

Q:相信你也知道范冰冰一直被称为“女神”，在今天见面之前对她的印象是什么？

A:范冰冰在韩国也是很受欢迎的，我很想见她！今天能见到她，我非常感谢（主办方），也非常高兴，我还为她准备了礼物。

Q:范冰冰也获得了“最佳女演员”，最想对她说什么？

A:祝贺你获奖，你很漂亮。（腼腆笑）

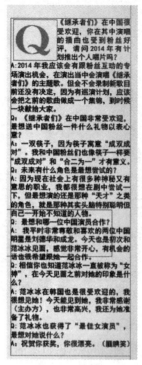

图 15-11　放大首字母并调整文本框位置

在杂志中，稿件经常会出现“Q&A”的问答形式。为了区分这两者，一般会对代表问题的字母“Q”进行文字处理。在本实验版面编辑中，编辑将“Q”和“A”通过变换成较为粗黑的字体予以区分，具体操作如下：

(1) 单击文字工具“T”，双击文本框后，选中文字内容，选择菜单栏中的“文字/字符”选项，或使用快捷键“Ctrl+T”，弹出“字符”窗口，设置字号和字体；用鼠标选中更改的文字，选择工具箱中的吸管工具“ ”，用吸管工具点击文字，通过格式复制的形式即可改变未更改的文本。效果如图 15-12 所示。

Q《继承者们》在中国很受欢迎，你在其中演唱的插曲也受到粉丝好评，请问2014年有计划推出个人唱片吗？

A:2014年我应该会有跟粉丝互动的专场演出机会，在演出当中会演唱《继承者们》的主题歌。但会不会录制新歌目前还没有决定，因为有巡演计划，应该会把之前的歌曲做成一个集锦，到时候一块献给大家。

Q:《继承者们》在中国非常受欢迎，最想送中国粉丝一件什么礼物以表心意？

A:一双筷子，因为筷子寓意“成双成对”。我和中国粉丝们也像筷子一样要“成双成对”和“合二为一”才有意义。

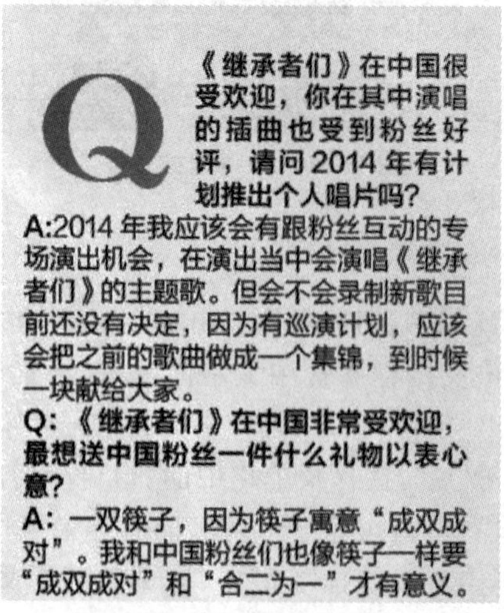

图 15-12　通过格式复制的形式改变未更改的文本

（2）最后对版面进行调整。调整后效果如图 15-13 所示。

图 15-13　版面最终效果

● ● ● ● ● ● 五、实验注意事项 ● ● ● ● ● ●

1. 娱乐杂志版面讲究图文并茂，在设计时要特别注意图片和文字的比例及两者的呼应关系。

2. 娱乐杂志的版面对图片的编辑十分重视，如抠图、不规则剪裁等都是常用的图片处理方式，此外还可以通过改变字体颜色或添加花边、边线等线饰进行版面装饰。

● ● ● ● 六、实验记录方式 ● ● ● ●

1. 保存文件。选择"文件/存储"选项，或者使用快捷键"Ctrl＋S"，弹出"存储为"对话框，输入文件名，在"保存类型"选项的下拉列表中选择想要保存的类型，单击"保存"完成步骤。

2. 若想将.indd 文件保存为.pdf 或.jpg 格式，操作方法为：选择"文件/导出"选项，输入文件名，在"保存类型"选项的下拉列表中选择想要保存的类型，单击"保存"完成操作。

● ● ● ● 七、实验讨论与评价 ● ● ● ●

1. 娱乐杂志版面与报纸的娱乐版编排有哪些异同？

2．娱乐杂志版面所选用的图片类型有哪些？图文编排又有哪几种方式？

●●●● 八、实验报告 ●●●●

1．提交实验中生成的文件。
2．完成实验中所讨论的问题。

●●●● 九、实验思考与练习 ●●●●

请利用本实验中所学的知识和技巧，尝试重现 2014 年第 7 期《南方娱乐周刊》"大牌"栏目，如图 15-14 所示（该版面电子版详见光盘）。

图 15-14　2014 年第 7 期《南方娱乐周刊》"大牌"栏目

表 15-1　**InDesign CS5 工具箱常用工具附录**

图标	名称	功能	图标	名称	功能
	选择	选择对象		直接选择	调整对象形状移动框架图形
	页面	创建多种页面大小		间隙	调整对象间的间距
	文字	输入、编辑和格式化文本		钢笔	创建由直线和曲线段组成的路径
	铅笔	绘制自由形状		直线	绘制任意角度的线条
	矩形	绘制矩形框架		矩形框架	容纳图片或文本
	水平网格工具	创建水平框架网格		垂直网格工具	创建垂直框架网格
	剪刀	分割路径		自由变换	任意移动、旋转和再成形对象
	渐变色板	改变对象现有渐变填充或描边方向		渐变羽化	将渐变隐退为透明效果

表 15-2　**InDesign CS5 常用快捷键**

快捷键	用途	快捷键	用途
文件菜单			
Ctrl+N	新建文件	Ctrl+O	打开文件
Ctrl+S	保存文件	Ctrl+P	打印
Ctrl+E	导出	Ctrl+Alt+P	文档设置
编辑菜单			
Ctrl+Z	撤销（最多撤销五步）	Ctrl+C	复制
Ctrl+X	剪切	Ctrl+V	粘贴
Ctrl+F	查找/替代	Ctrl+Alt+F	查找下一个
Ctrl+A	全选（选择光标所在文字块中所有文字）		
窗口菜单			
Shift+F7	对齐	F7	图层
Ctrl+Alt+W	文本绕排		
对象菜单			
Shift+Ctrl+F12	旋转变换	Shift+Ctrl+M	移动变换
Shift+Ctrl+Alt+K	剪裁路径	Ctrl+Alt+L	解除锁定

续表

快捷键	用　途	快捷键	用　途
Shift＋Ctrl＋G	解散群组		
结束编辑			
Ctrl＋F4	关闭当前编辑的文件 （回到灰底状态）	Ctrl ＋ Q	退出 InDesign CS5

参 考 文 献

[1] 岳山.当代报纸电脑编辑基础[M].合肥：合肥工业大学出版社,2004.

[2] 蔡雯.新闻编辑学[M].北京：中国人民大学出版社,2006.

[3] 魏红秋,李冰清.让报纸版面更吸引眼球[J].青年记者,2007(12月下).

[4] 甘险峰.新闻图片与报纸编辑[M].福州：福建人民出版社,2008.

[5] 《南方日报》版式标准细则(2004改进版).

[6] 何敏.财经新闻写作必须实现专业性和可读性的结合[J].湖南商学院学报,2004(3).

[7] 刘晓璐.经典报纸版式设计[M].广州：广东人民出版社,2008.

[8] 韩松,黄燕.当代报刊编辑艺术[M].上海：复旦大学出版社,2006.

[9] 张洪伟.国际新闻编辑应具备三种意识[J].青年记者,2007(9月下).

[10] 李秀义,李洪光.采编社会新闻应把握四原则[J].青年记者,2007(10月下).

[11] 顾理平.社会新闻采写艺术[M].北京：中国广播电视出版社,2000.

[12] 肖伟.报刊电子编辑教程[M].广州：暨南大学出版社,2006.

[13] 南长森.简论社会新闻的现状及其趋势——以《新民晚报》《华商报》为例[J].新闻知识,2004(3).

[14] 冯少波.社会新闻：报纸的闪亮看点[J].新闻实践,2004(8).

[15] 渭川.报道社会新闻要唱响主旋律[J].报刊之友,2000(2).

[16] 高伟毅.让照片在版面上唱响主角——浅谈黑龙江日报"社会新闻"版的图片运用[J].新闻传播,1997
   (2).

[17] 李继伟,王秋日,张晓琳.娱乐编辑新闻之我见[J].新闻传播,2000(5).

[18] 朱桂莲.寻求突破确立个性——文娱新闻编辑的"原创意识"[J].新闻前哨,2003(7).

[19] 于冰.报纸娱乐版面视觉传达要素分析[J].新闻知识,2004(12).

[20] 涂光晋.搭建"意见平台"——我国报纸言论版的回顾与思考[J].国际新闻界,2007(7).

[21] 丁玲华,唐天啸."短、平、快"——时评版的制胜之道[J].新闻知识,2007(6).

[22] 谭梦玲,董天策.打造"思想的圆桌会议"——《南方都市报》时评版简析[J].新闻记者,2003(11).

[23] 顾晓宇.略论报纸专刊的结构艺术[J].苏州大学学报(哲学社会科学版),2000(1).

[24] 陈礼荣.优势配置：报纸专刊专版特色定位的支点与基石[J].新闻前哨,1997(1).

[25] 戴晓蓉.我国综合性报纸服务类专刊(版)研究[D].广州：暨南大学新闻与传播学院,2005.

[26] 田建平.当代报纸副刊研究[M].保定：河北大学出版社,2006.